ろくでもない 英語の言い訳

300

300 NONSENSE ENGLISH EXCUSES

中山 著

ダイヤモンド社

はじめに

　皆さま、こんにちは。

　この度は数ある英語参考書の中から、一時の気の迷い、もしくは勢い余って本書をお手に取っていただき誠にありがとうございます。私はX(旧Twitter)にて「出ない順 試験に出ない英単語(@NISE_TOEIC)」という人類の叡智が詰まっていない、訳立たずなアカウントを運営している、中山と申します。

　このアカウントがご縁で、同名の著書『出ない順 試験に出ない英単語』(飛鳥新社)シリーズをこれまでに何冊か出版しております。何かの間違いで延べ10万人の変わった方々に読んでいただき、それと同時に無用の侮りも頂戴しているランクの低い人間です。

　さて、本書は前著の試験に出ないシリーズとは切り口が異なりますが、切り口が錆びついているところや、やっぱり役に立たないという点で共通した書籍となっています。

　今回は『ろくでもない英語の言い訳300』という頭を抱えたくなるタイトルです。著者として本書を手に取っていただいたことは光栄の極みであるものの、皆さまの精神状態がやや心配でもあります。**しっかりしてください。**

　ちなみに「ろくでもない」という部分は、日本人らしい奥ゆかしさや謙遜の精神から付けられたものではなく、**言葉通りの意味**と

なっております。ある程度、原稿を書き進めた際に、内容から思いを巡らせた編集者さんに提案していただきました。つまり、そういうことです。

◆ 言い訳の言い訳

　タイトルにある「言い訳」についてですが、「ろくでもない」に注力し過ぎたため、言い訳ではない例文も混ざっております。「たんに思いつかなかった」とも言えるのですが「元気があればなんでもできる」というありがたい教えに従い、元気を出しすぎたらこんなことになってしまいました。

　すでに十分過ぎるほどお気づきのように、皆さまの「英語を学びたい」という熱い心意気に応えられる本ではないことを、予めお伝えさせていただきます。

　さて、世間ではGoogle翻訳をはじめとする翻訳サービスが浸透し、一度は使ったことがある方も多いと思います。また、昨年新たにChatGPTによるAI翻訳が登場し一躍話題となりました。今や世界は、ドラえもんのひみつ道具「ほんやくコンニャク」の発明まであと一歩、というところまで来ているような様相を呈しております。

　"Good Morning"や"Thank you"すら知らなくとも、海外のスタバで「氷少なめ、ミルク増し、キャラメルソース追加のベンティサイズ、カフェモカ」を注文できてしまう近年のテクノロジーの進

化と、スタバの注文の難易度の高さには目を見張るものがあります。

　にもかかわらず、学習指導要領の改訂で小学生は英語が必修になり、TOEIC®や英検で進学や就職が左右されるなど、英語を学ぶ必然性は変わらず高まり続けています。

　日本人の英語熱は明治維新の頃から高まっている気がするのですが、残念ながら、技術の進化とは裏腹に英語を勉強するのがつらい方はとても多いようです。文法書や単語集、参考書を途中で投げ出してしまった経験は、誰しも一度はあるのではないでしょうか。

　その原因の一つに、エロが出てこない……。失礼、例文に共感できないまま学んでいるということが挙げられます。

　特にビジネス英語においては、海外MBAを取得するようなソフィスティケートされたインタラクティブでイニシアチブが炸裂し、リーダーシップに狂った、結果にコミットするだけの「できる社員」たちによるエリートっぽい表現ばかりがトゥギャザーされています。

　「今年はいっちょ英語の勉強でもしようかな」なんて軽い気持ちで考えたごく普通の会社員の笑顔を奪う例文であふれているのです。

◆ 英語の勉強の息抜きになる英語本

　そこで本書では、そういった無邪気な学習者たちに笑顔を取

り戻してもらうべく、**仕事ができない社員や、愛社精神の低い社員、窓際族などによる非エリート風の言い訳や失敗を中心に例文を掲載**しました。

　令和時代の気楽なサラリーマン、もといビジネスパーソンたちがたくさん登場し、二日酔いや寝ぼけながら働く彼ら、もとい紳士淑女によるクレイジーなイングリッシュ……。これならば、英語に対する苦手意識も薄れ、サラリーマン、もといビジネスパーソンが気楽な稼業だと再確認できること請け合いです。あと「コンプラって大変だな」ということも再確認できること請け合いです。

　ダメ社員、いえ、ややおちょっこちょいで、少しおっとりとした社員でいらっしゃる皆さまの等身大の例文として、愛着を持っていただければ幸いです。

　最後に、素敵なイラストをお描きくださったイラストレーターの村上さん、洗練されたブックデザインをしていただいたkrranさん、丁寧で洗練されたネイティブチェックを行ってくださったAtoZ Englishさん、遅々として進まないバカみたいな作業を受け止めてくださった編集の朝倉さん、そして日ごろからくだらないポスト（旧ツイート）を楽しんでくださっているフォロワーの皆さまに厚く御礼申し上げます。

中山

本書の特長と使い方

　起床から通勤、営業や会議といったオフィスでの日常生活、ア
フター5や退職、はたまた転職活動まで、会社員として生きとし
生けるもののルーティーン、悲喜こもごも、諸行無常について、8
つのパートからなる**300の例文（うち80はイラスト付き！）**で紹介して
います。

　「三つ子の魂百まで」ということわざがあります。3歳までに人
格が形成され、100歳まで続くという意味です。この3と100を掛
けたのが300です。なぜ掛けたのかは、人類未踏の知の領域の
ため、わかりません。ただ、別の言い方をすると「筆者の限界が
300だった」とも言えます。

◆ 使い方 ① 状況と内容の把握
　**まずはイラスト付き例文をじっくり読み、内容の理解に努めま
しょう。**なに、普段の皆さまの会社員生活に即した内容ですの
で、自然と例文が頭に残ること請け合いです。また、イラストを眺
めて、別の言い訳を考えるのもいいでしょう。お子様がいらっしゃ
る方はぜひ一緒に。非情操教育にうってつけです。

◆ 使い方 ② 例文を身体に染み込ませる
　内容を理解したら**音読**をしてみましょう。音読は英語力を高め
る上で最も効率的な学習方法の一つです。実際に例文を声に

出すと、目と耳から英文が入り込み、脳の前頭前野が活性化され、最終的にDNAに刻まれる仕組みになっているとかいないとか（効果には個人差があります）。

　「アリバイを捏造する（fabricate an alibi）」とか「肛門（anus）」といった英語もスラスラと出てくるようになりますので、海外でパーティーなどに参加してもセレブとの会話に困ることはないでしょう。なお、例文の音読を公の場所で行うと、公共の福祉に反する可能性があります。**必ず自宅で、できれば窓のない部屋で行ってください。**

◆ 使い方 ③ 更なる言い訳に挑戦

　覚えることでより前頭前野が活性化されそうなフレーズを、イラスト付き例文以外にも数多く紹介しております。これらを使いこなせればライバルに差がつきますので、**窓際や降格を目論んでいる方はぜひトライ**してみてください。

◆ 使い方 ④ 言い訳学習は「がんばりすぎない」

　日々の英語学習の息抜きとして、1日1〜2ページずつゆっくりと読み進めると最大の効果を発揮します。逆に、例文を一度に大量に取り込んでしまうと、心身に支障をきたし、生活が荒れ、最終的に退職代行で会社を突然辞めることにもなりかねません。

　言い訳は、用法用量を守って、正しく服用ください。

CONTENTS

はじめに ———————————————————— 002

本書の特長と使い方 ——————————————— 006

Part **1**	年収が半分になる 魔法のモーニングルーティーン 寝坊の言い訳

七転び寝起きのフレーズ ————————————— 016

起床転結の起のフレーズ ————————————— 018

起床転結の床のフレーズ ————————————— 020

起床転結の転のフレーズ ————————————— 022

起床転結の結のフレーズ ————————————— 024

Column 1　ベーシックな言い訳表現 —————————— 027

打てば出世に響く出社準備 ————————————— 028

出社を諦めさせる魔法のフレーズ —————————— 030

相手を煙に巻く休暇要請 ————————————— 032

社会人に相応しくない休暇要請 ——————————— 034

Part 2 低速・高遅延移動通勤 5km/h
遅刻の言い訳

働かない車の通勤フレーズ ——————————————— 038
冴えない電車通勤のフレーズ —————————————— 040
一歩進んで五歩下がる徒歩通勤 ————————————— 042
どうしても寄り道したいときの表現 —————————— 044
いろいろな道草を食うフレーズ ————————————— 046
駅への苦手意識が増大するフレーズ —————————— 048
電車通勤の非定番フレーズ ——————————————— 050
遅刻、その後に。 ——————————————————— 052
遅刻から目を逸らすフレーズ —————————————— 054
Column 2 遅刻の言い訳 応用編 ————————————— 057

Part 3 相手との距離を広げる日常業務
サボりの言い訳

相手を選ぶ電話対応 ——————————————————— 060
極端に相手を選ぶ電話対応 ——————————————— 062
究極的に相手を選ぶ電話対応 —————————————— 064
来社を後悔させる来客応対 ——————————————— 066
嫌な客を突き返す塩対応 ———————————————— 068

高度が低いリテラシー表現 ———————————— 070

上司との交流を断絶するフレーズ ———————— 072

人間関係を希薄にする表現 ———————————— 074

勤怠管理不行き届きフレーズ ————————————— 076

尋常じゃない人事のフレーズ ————————————— 078

Part 4 | 健康で文化的な最低限度の会議
会議の言い訳

準備不足を補わない資料作成 ————————————— 082

背すじを伸ばさず参加する会議 ———————— 084

会議の進行を妨げるフレーズ ————————————— 086

会議を盛り下げるフレーズ ———————————— 088

片腹が痛い会議でのフレーズ ————————————— 090

会議の停滞を助長するフレーズ ———————— 092

目が覚めるような居眠り ———————————————— 094

Column 3　会議で使いたい重要表現集 ———————— 097

そうそうたらない顔ぶれの会議 ———————— 098

ズームアウトなオンラインミーティング ————— 100

Part 5

ビッグデータを無視した
解像度の粗いセールストーク術
ノルマ未達の言い訳

ノルマに届かないときのフレーズ ——————— 104
日本ノルマ昔ばなし ——————————————— 106
ポイントを外したテレアポのフレーズ ——————— 108
相手の警戒心を高める初対面のあいさつ —————— 110
営業の極意が煮詰まったフレーズ ————————— 112
喜ばれない営業のフレーズ ———————————— 114
Column 4 営業の言い訳 3.0 ———————————— 117
プレゼンスが上がらないプレゼンのフレーズ ————— 118
悲壮感を漂わせない謝罪フレーズ ————————— 120
開き直りの申し開きフレーズ ——————————— 122

Part 6

モノづくり日本の伝統を
軽視した企画・開発術
開発遅延の言い訳

方向感覚を失ったプロジェクト推進 ———————— 126
企画未開発のフレーズ —————————————— 128
企画の盛大なお見送り —————————————— 130
現場を混乱させない仕様変更 ——————————— 132
残念な設計開発のフレーズ ———————————— 134

Column 5　納期の言い訳 10選 ———————— 137

自分に甘いエンジニアのフレーズ ———————— 138

自分に厳しいエンジニアのフレーズ ———————— 140

悲喜こもごものリリース ❶ ———————— 142

悲喜こもごものリリース ❷ ———————— 144

Part
7

退かない、媚びない、
省みない、定時の帰り方
アフター5の言い訳

絶対定時に帰る日のフレーズ ———————— 148

断固として残業を断るフレーズ ———————— 150

軽やかに飲み会を断るフレーズ ———————— 152

飲み会中の非定番フレーズ ———————— 154

旬を過ぎたオンライン飲み会 ———————— 156

お開きになる申し開きフレーズ ———————— 158

Column 6　同僚との距離を広げるフレーズ集 ———————— 161

酔いと周囲をさめさせるフレーズ ———————— 162

酒の力に屈したときのフレーズ ———————— 164

もっともらしく二日酔いで休むフレーズ ———————— 166

Part
8

年収が1/4になる
無敵の人事評価と転職術
転職・退職の言い訳

退職勧告を無効にするフレーズ ———————— 170

跡を濁して辞めるフレーズ ——————————— 172

クビを回避したくなるフレーズ ——————————— 174

Column 7　温かくない贈る言葉 ——————————— 177

正当な評価を避ける自己紹介 ——————————— 178

正々堂々と評価を避ける自己ＰＲ ——————————— 180

盛り損なった職務履歴 ——————————— 182

志望動機お助けフレーズ ——————————— 184

お祈りメールの新テンプレート ——————————— 186

不採用を決定づけるフレーズ ——————————— 188

おわりに　今後の学習に向けて ——————————— 190

"NO EXCUSE, NO LIFE"
言い訳なしじゃ生きていけない

✎ 寝坊の言い訳

年収が半分になる

魔法のモーニング

ルーティーン

「ま、俺くらいになると、目を開けなくても遅刻ってわかるんだよね」

"When you get to my level, you know you're late without even opening your eyes."

常日頃から遅刻と隣り合わせの生活を送るダメ人間にとって、時間感覚の鋭さとは「時間通りに起きられること」を指すのではなく、「起きた時間が何時か」を正確に言い当てることを意味します。幼少の頃からの気の緩みや怠惰な生活によって鍛えられた体内時計を使えば、目を開けずとも、光の強弱や気温、湿度、眠気などから総合的に判断し、1分単位の寝坊すらたやすく言い当てられるといわれています。

✦✦ 七転び寝起きのフレーズ ✦✦

「いつまで寝てるの!?」
「それ、冬眠中のクマにも同じこと言えんの?」

"When are you gonna wake up?"
"Would you say the same thing to a bear in hibernation?"

✎ 体温を下げて冬をやりすごす動物の奇妙な習性、冬眠。そう聞くとクマを思い浮かべる方が多いかもしれませんが、ゴールデンハムスターやコウモリなど様々な動物が行います。無論、食物連鎖のトップに君臨する我々ホモ・サピエンスに不可能なはずはありません。

「もうとっくに起きる時間よ!」
「う〜ん、あと5刻だけ……」

"Time to get up already!"
"Just five more moments."

✎ 日常生活ではもちろん、漫画やアニメでもおなじみの「あと5分だけ」。一説によると、人類がこれまでについた、最も多いうそといわれています(うそです)。そんなありふれたうそにそっと忍び込ませることで5刻(=約10時間)の惰眠をむさぼれます。類語に「あと5刻で着きます」などもあります。

「残りの寿命と引換えに、あと5分だけ寝かせて」

"Just let me sleep for five more minutes in exchange for the rest of my lifespan."

✎ 5分寝る代わりに永眠するという、反社や悪魔もびっくりの釣り合わない取引。ですが、世の中には、健康のためなら死んでも構わないというバカ、もとい、健康オタクがいることを考えると、強烈な眠気に心が折れてこのような提案をしてしまうのも仕方ないのかもしれません。

「残念だったな、俺はただの残像さ。
本物はとっくに会社に向かってるよ」

"Joke's on you, I'm just a mere afterimage. The real me is already on the way to the office."

残像とはそこにあったものが、去った後でも視覚に残っている映像のこと。忍者の分身の術や空条承太郎(くうじょうじょうたろう)のオラオラ言うパンチなど、漫画やアニメでおなじみですね。また、例文のように何事も「遅さ」だけには定評のあるダメ人間が安易につくうそとしても知られています。

◆◆ 起床転結の起のフレーズ ◆◆

「くそ！　アラーム音を『蛍の光』にしたのが失敗だったか！」

"Damn it! It was totally a mistake to set 'Auld Lang Syne' as my alarm tone!"

🖉 哀愁が漂うメロディーとして日本人のDNAに深く刻み込まれた『蛍の光』。元はスコットランド民謡で、歌詞も原曲とは全く違いますが、この曲を聞くと、何かの終焉を感じずにはいられません。アラーム音に採用すれば寝坊は必至。DNAにはあらがえないのです。

「私は時速160kmで目覚まし時計を投げることができます」

"I can throw an alarm clock at 160 kilometers per hour."

🖉 大谷翔平（おおたにしょうへい）も真っ青の地肩の強さ。「寝起きでこれならマウンドでは……」などと夢を膨らませるのは禁物。単にダメ人間の寝起きの不機嫌さと遅刻の危機がうんだ火事場のバカ力です。こういう危険人物の眠りを妨げることのないよう、細心の注意を払って生活したいものです。

「私は1秒間に16回スヌーズボタンを押すことができます」

"I can press the snooze button 16 times in a second."

🖉 40代以上の方にとって「1秒間に16回」というスピードは佐々木朗希（ささきろうき）の「時速160km」やリニアモーターカーの「時速600km」などよりもずっと夢のある数字かもしれません。幼き頃の思い出と、「どうしても起きたくない」という眠気とが混ざり、スヌーズボタン相手に名人芸がさく裂するのでしょう。

「我二度寝する、故に我あり」

"I go back to sleep, therefore I am."

　　　「我思う、故に我あり」は、自分自身の存在を証明するために提唱された、デカルトの有名な命題です。例文はダメ人間が浅はかな知恵で考えた、二度寝をすることで自身の存在を証明できるという低度な堕落性を説いた哲学的ホラです。たんに惰眠を貪りたいというクズの真理と心理を証明しています。

✦✦ 起床転結の床のフレーズ ✦✦

「今日はたくさん寝るって、入院中の少年と約束したんだ」

"I promised a boy in the hospital that I would sleep a lot today."

🖉 手術を控える少年の心は、不安と恐怖でいっぱいです。彼の不安と自分自身の睡眠不足解消のためにも、家族や会社の協力を得て、目の覚めるような一睡をかましてください。

「寝坊推定時刻は9:30です」

"Her estimated time of oversleeping is 9:30."

🖉 5分のうっかり寝坊と、2時間以上におよぶ計画的寝坊を一緒くたにしてしまうのは、デジタル化が進んでいる昨今、あいまいがすぎると思いませんか？　正確な情報共有のために、寝坊の現場にも鑑識官による科学捜査のメスを入れる必要があると思います。

「早く起きて支度しなさい！」
「それは任意ですか？　それとも強制？」

"Get up and get ready quickly!"
"Is it optional or mandatory?"

 こういうしゃらくさいバカは殴って起こしましょう。

「吾輩の辞書にベッドメイキングの文字はない」

"The word 'bed-making' is not in my dictionary."

人間を2種類に分けるとするならば、それはベッドメイキングを「する人間」と「しない人間」です。そして、それはそのまま、「きちんとした人間」と「そうでない人間」に当てはめられます。自分を律することに興味のない後者のタイプにとって、ベッドメイキングは「眠い」「意外とセンスが必要」「どうせまた乱れるので無意味」など、やらないための魅力的な言い訳にあふれています。

「言い訳を制するものは世界を制す」 言い訳に長けた人物こそが、トップの座を手にするという世知辛い格言。

✦✦ 起床転結の転のフレーズ ✦✦

「布団に付着していた黄色い液体についてDNA鑑定を行っているので、起床まで少々お待ちください」

"I'm currently conducting a DNA analysis of the yellow fluid found on the futon, so please wait a little longer before I wake up."

 おむつのCMなどと違い、現実の尿は黄色く臭いを放っています。熟年夫婦になると、DNA鑑定によらずとも、色と臭いで誰のものであるかをすぐに言い当てられるとか。何事も年季の入った技には勝てません。

「枕に付着した抜け毛の数が、煩悩の数と同じだったので、煩悩に従い、もう少し寝ます」

"The number of hairs shed on the pillow was the same as the number of my worldly desires. Thus, I'll sleep a bit more in line with these desires."

 これで一切の欲望や妄念が抜け落ち、すがすがしい1日をスタートできること請け合いです。

「私は先天性の怠惰を患っていて、時間通りに布団から出ることができません」

"I suffer from congenital laziness and can't get out of bed on time."

 勤勉さをお母さんのお腹に忘れてきてしまった代わりに怠惰の才能が開花してしまったようです。

「まだ、慌てるような時間じゃない」

"Don't rush it. We have plenty of time."

私たち人間に平等に与えられているものの一つに「やよい軒の漬物」……失礼。「時間」があります。貧富や人種など、不平等を感じるケースは多々ありますが、1日24時間という「時間」だけは平等で、それはイーロン・マスクでもウチのネコでも同じです。問題はその使い方であり「慌てる」ことは一番の悪手。イーロンでもウチのネコでも、慌てたところで湘北高校の勢いを止めることはできません。

✦✦ 起床転結の結のフレーズ ✦✦

「SDGsに配慮して、トイレを毎回は流さない」

"Out of consideration for the SDGs, I don't flush the toilet every time."

🖋 これ以外にも「トイレットペーパーの消費を減らすために尻を拭かない」「換気扇の代わりに臭いを吸う」などともあります。宇宙船地球号の乗組員として責任ある行動を心がけましょう。

「私は遺伝による深刻な寝癖を患っています」

"I'm suffering from serious genetic bed hair."

🖋 人類の祖先が木から下り地面に頭を付けて寝るようになってから、CPAPで睡眠時無呼吸症候群を克服した現代まで、我々はずっと寝癖に悩まされ続けています。人類史はウイルスと同様、寝癖との戦いでもあり、終わりはありません。

「洗面台の取り合いの末、私は2年ぶり14回目の洗顔を行った」

"As a result of competing for the bathroom sink, I just had my 14th face wash, which is my first in two years."

🖋 どこかの甲子園強豪校の優勝ペースと同じくらいの頻度ですね。春なんでしょうか、夏なんでしょうか？ 肌トラブル回避のためにも、連覇を目指してほしいものです。

考えうるすべての弁解をしたら、あとは天の定めに任せる。その後は、人知の及ぶところではない。

「パンがなければ、ご飯を食べればいいじゃない」。パンを買い忘れた我が家のアントワネットが冷たく言い放った。

"If they have no bread, let them eat rice," the Marie-Antoinette of our household said coldly after forgetting to buy us bread.

マリー・アントワネットの迷言と言われていた言葉が元ですが、実際はこんな発言はしていません。それはさておき、なぜパンはなくなるのでしょうか？ 朝食がパン派のご家庭であれば、母親に「パン買ってきて」と命じられた経験がある方も多いのでは？ これは米に比べて、パンは内容量が少なく保存期間も短く、切らせやすいことが原因です。フランス革命から200年以上。10年以上保存できる、10000枚切りのパンの開発を。

ベーシックな言い訳表現

「私じゃありません」
"Not me."

「私、知りません」
"I dunno."

「いまやろうと思ってました」
"I was just thinking about doing it."

「ついカッとなってしまって」
"I lost it."

「諸説あります」
"There are various theories out there."

「記憶にありません」
"I have no recollection."

「一部に誤解を招く表現がありました」
"There was an expression that led to a misunderstanding on some parts."

「犯人はヤスです」
"The culprit is Yasu."

「急にボールが来たので」
"The ball suddenly came out of nowhere."

「それな」
"I know, right."

「妻は目の錯覚を利用した新しい化粧法を習得しています」

"My wife mastered a new makeup technique that uses optical illusions."

　錯覚とは、客観的事実を間違って知覚すること。これを利用したものに、老婆にも若い女性にも見える「だまし絵」があります。年齢を数十歳も変えられるならば、ほうれい線やシワ、シミを消すなど造作もないことです。ちなみに錯覚は英語で「illusion」と訳します。毎朝がんばっている奥さまに向かって「今日も最高のイリュージョンだね」などと声をかけてあげればご家庭も円満間違いなしです。

◆◆ 打てば出世に響く出社準備 ◆◆

「芸術点が低かったので、髪の毛をセットし直します」

"Since my artistic score was low, I will redo my hairstyle."

 後ろ髪のはね具合も微妙だったので、飛型点も低いようです。

「目の下にクマができたりしているけれど、私は元気です」

"I've had dark circles under my eyes, but I'm fine."

 目の下のクマは老けて見えたり、疲れて見えたりする原因になるため、対策に頭を悩まされている方も多いでしょう。そんな悩めるメノックマさんたちに朗報です。木を隠すには森です。目の下のクマと同じ色のくすんだ色のファンデーションを使用してみてはいかがでしょうか?

私は、寝癖のついたかつらを外し、七三分けのかつらを着けた。

I removed my bedhead wig and replaced it with a side part toupee.

 TPOに合わせてかつらを使い分ける、よき中年のたしなみです。ちなみにTPOはTime（時間）、Place（場所）、Occasion（場面）の頭文字をとった略語で、長嶋茂雄風に言うと、いわゆる一つの和製英語です。TPOに合わせて海外で使用しないように気をつけましょう。

「月曜日にピークを合わせられなかったので、本日はお休みをいただきます」

"I'm not in peak condition for Monday, so I'm going to take the day off."

「ピークを合わせられなかった」や「自分の相撲が取れなかった」など、インタビューでよく耳にするアスリート特有の言い回し。我が国が「表現の自由」を保障している以上、我々一般人が使用できない理由はありません。ピークを合わせられずプレゼンの資料を家に置き忘れても、自分の発注ができず会社に10億円の損失を被らせても、2年目のジンクスでお茶を客にぶちまけてしまっても何も問題ありません。

✦✦ 出社を諦めさせる魔法のフレーズ ✦✦

「先祖から『火曜日は働くな』と言われているので今日は休みます」

"My ancestors told me not to work on Tuesdays, so I'm taking the day off today."

🖊 先祖が残した家訓として、日本で一番有名なものが安倍さんの「新三本の矢」……失礼。毛利元就の「三本の矢」です。元就亡き後、彼の子孫たちはこれをよく守り、中国地方の覇者として君臨し続けました。先達に倣い、火曜日は堂々と働かずに過ごしましょう。

「経験不足を才能で補えなかったので、1週間休みます」

"I couldn't compensate for my lack of experience with talent, so I'm taking the week off."

🖊 「才気あふれる新人が、経験不足を才能で補う」という漫画やアニメの黄金パターン。アムロ・レイも碇シンジも「これ」ですが、実際は例文のように「これ」じゃない人がほとんどです。

「呂布に裏切られたので、明日休みます」

"I'm going to take a day off tomorrow because Lü Bu betrayed me."

🖊 天下無双の剛腕。だけど忠誠心がすずめの涙ほともない、三国志の登場人物の中でも一際キャラ立ちしている呂布奉先。丁原、董卓、劉備と裏切りにあった彼らは命を落としたり国を追われたりと大変な目に。一度裏切られたら会社ところではありません。

031

「M-1ラストイヤーなので今日は休みます」

"Since this is the last year I can participate in the M-1 Grand Prix, I'm taking a day off today."

　　　年に一度、若手漫才師の頂点を決める「M-1グランプリ」。彼ら彼女らの真剣勝負は、私たちに笑いと感動を与えてくれます。「結成15年以内」という出場資格があり、「ラストイヤー」の出場で涙をのむ漫才師たちの姿に視聴者は感動を覚えるわけです。ちなみにM-1は一般人でも参加できます。ラストイヤーとなると周囲に様々な無理が利くことでもおなじみですので、同僚や上司などとコンビを組んで有休を使いまくるのも一興かと思います。

✦✦ 相手を煙に巻く休暇要請 ✦✦

「地球に接近する隕石の軌道を変えるため、本日は出勤できません」

"I can't come to work today because I need to divert a meteorite approaching Earth."

 そんな能力を持つ人物が雇われているとはいったいどうしたことでしょう。会社に縛られず、無軌道に生きてみては。

「少子化対策に貢献するため、午後から出勤します」

"To help combat the declining birthrate, I'll come into work in the afternoon."

 午前中に、何をする気でしょうか?

「48回目のワクチンを打ったので、2週間休みます」

"I just got my 48th vaccine shot, so I'll be taking two weeks off."

 48回ともなると副反応もひとしおでしょう。それにしても新型コロナといい、「失われた30年」といい、『ゴルゴ13』といい、いったいいつまで続くのでしょうか。

「心技体がバラバラなので、今日は休みます」

"My mind, body, and technique are not in harmony, so I'm taking a day off today."

武道界でよく使われる「心技体」。自分の力を最大限に発揮するには、精神（心）、技術（技）、身体（体）の調和が重要です。『北斗の拳』で、ケンシロウが「これはシンの分、ユリアの分」などと相手を殴るシーンがありますが、このパンチが効くのはやはりシンやユリアへの友情や愛情という心ゆえでしょう。皆さまも「俺の人生の分」と思いを込めてタイムカードを挿入すれば、打刻されるインクも多少濃くなるかもです。

◆◆ 社会人に相応しくない休暇要請 ◆◆

「少年革命家に影響を受けたので、会社にはもう行きません」

"I won't go to the company anymore because I was influenced by the young revolutionary."

✎ 就職したら「週5日出勤しなければならない」というルールは誰が決めたのでしょうか。「負うた子に教えられて浅瀬を渡る」とことわざにもあるように、ときには子どもの持つ純粋な視点を通して、社会の常識を疑ってみることも大切かもしれません。

「会社が凶方位にあるので1年休みます」

"Since my company is located in an unlucky direction, I'll take a year off."

✎ 吉方位とは開運効果を得られる方角ですが、凶方位とはその逆で、大変縁起の悪い方角を指します。一般的には1年ごとに変わるため、この例文が意味することは1年間の休暇です。

「スマホの保護フィルムに気泡が入ったため、午前休をいただきます」

"Air bubbles got under my smartphone screen protector. I'm taking the morning off."

✎ AIだ、ブロックチェーンだと偉そうにいっても、人類はスマホの保護フィルム問題一つ解決できずにいる脆弱な生命体です。気泡の入らない貼り方や入ってしまったときの解消法の情報はあふれていますが、なかなか統一したいい方法はなく、「ガッテン！」もこの問題については沈黙を続けています。

「熟睡の陣」 よく眠れる布団やベッドを背にした陣立て。もし失敗すれば、すぐに寝られる気楽な覚悟を持つこと。

遅刻の言い訳

低速・高遅延

移動通勤　5km/h

「自家用車に乗り遅れたので、遅れます」

"I missed my car, so I'm going to be late."

車輪の起源は古く、紀元前3500年頃に発明されたといわれています。以来、様々な進化を遂げたものの「物体を転がすことで移動を容易にする」という点は不変です。その意味で、自動車や電車はもちろん、自転車、スケボーやラブワゴンに至るまで、共通の祖先をもつ同じ乗り物といっても過言ではありません。電車やバスに乗り遅れることがある以上、自家用車に乗り遅れないなどと、どうして断言できましょうか。

✦✦ 働かない車の通勤フレーズ ✦✦

「乗るつもりだった自転車が行ってしまったので、少し遅れます」

"I'm going to be a little late because the bicycle I was supposed to get on has left."

 電車やバスに乗り遅れることがある以上、自転車に乗り遅れないなどと、どうして断言できましょうか。

「嫁に乗車拒否をされたので、30分遅れます」

"I'm going to be 30 minutes late because my wife refused to give me a ride."

 タクシーやバスに乗車拒否されることがある以上、嫁に拒否されないなどと、どうして断言できましょうか。

「ボンネットでネコが寝ているのでかなり遅れます」

"There's a cat napping on my car hood, so I will be very late."

かつて、ネコはエジプトにおいて神とあがめられていました。現代も別の意味で神扱いされており、その神の睡眠を通勤や通学程度で妨げるなどあり得ません。

「筋肉に裏切られたので遅れます」

"I'm going to be late because my body has betrayed me."

　　　「ブルータス、お前もか」は共和政ローマ末期の政治家カエサルが、腹心のブルータスらに暗殺された際に漏らした言葉で、親しい人に裏切られた嘆きを表しています。かように、裏切りが最も効果を発揮するのは家族や友人といった裏切りから遠い存在によって実行された場合です。日頃のトレーニングに余念のない方こそ、筋肉を信頼しています。裏切られたときの衝撃はより一層艶やかでしょう。

✦✦ 冴えない電車通勤のフレーズ ✦✦

「助走が足りなくて、電車に乗れませんでした」

"I didn't make it onto the train because I didn't get enough of a run-up."

 「電車とホームの間が開いているところがありますので、乗車の際はジャンプ力にご注意ください」

「ごめん！ アリバイを捏造するから、時間通りに行けないかも！」

"Sorry! I may not be able to arrive on time as I'm busy fabricating an alibi."

 かつて一世を風靡した鉄道トリック。時刻表を巧みに使い、アリバイの捏造を大量に生み出し火サスを陰で支えていましたが、乗り換えアプリの登場や監視カメラの設置などが進み、現実の犯罪とともに姿を消しつつあります。西村京太郎先生も草葉の陰で泣いているでしょう。

「この遅刻が、その後の展開の伏線になるので、お楽しみに！」

"My tardiness will serve as foreshadowing for upcoming developments. Don't miss the next episode!"

 クビ又は左遷によって回収される未来しか予想できません。

「カルガモの親子に足止めされているので遅れそうです」

"I'm running late because I'm being held up by a family of mallards."

総務省による「日本足止め白書」で毎年1位に輝くカルガモ親子の散歩。戦車だろうとダンプカーだろうと、その愛らしい姿に軍人もトラック野郎もほっこり。ダチョウ倶楽部ばりに「どうぞどうぞ」と道を譲ってくれること請け合いです。江戸時代には大名行列すら止めたことがあるとかないとか。なお、カルガモ親子の対義語は中年男性です。飛び出せば容赦なくはねられ、世が世なら首もはねられますのでご注意を。

✦✦ 一歩進んで五歩下がる徒歩通勤 ✦✦

「水泳パンツのひもが固くなってほどけないので会議に遅れます」

"I will be late for the meeting because the drawstring knot on my swimming trunks has become stiff, and I can't untie it."

 「水泳パンツ」のひもが固くなりほどけなくなる現象は、男子であれば一度は経験したことがあるトラウマ的出来事です。女性に例えるなら、高級宝飾店で試着した指輪が抜けなくなったときに感じる焦りと同じようなイメージです。

「寝坊したので、ストリートビューで向かいます!」

"I overslept, so I'll be heading over via Google Street View!"

問題はどうやって会社に入るかです。

「お母さんが迎えに来てくれないので、たぶん遅れます」

"I will probably be late because my mom is not coming to pick me up."

いくつになってもお母さんは迎えに来てくれるやさしい存在ですが、お母さんにお迎えが来る前にちゃんと親孝行してあげましょうね。

「途中でセーブポイントに立ち寄ってから出社します」

"I will stop by a save point on my way to work."

セーブポイントとは、救援投手のセーブ数に救援勝利数を加えた数字ではなく、ビデオゲームにおいて、進行状況を保存できる特定の地点や時点などを指します。出社前にセーブポイントに立ち寄れば、大事なプレゼンで失敗し上司の逆鱗に触れても、返す刀で反論して完全に見放されても、何事もなかったようにセーブポイントからやり直すことができます。いつの日か現実世界にも実装されてほしいものです。

✦✦ どうしても寄り道したいときの表現 ✦✦

「カメを助けたたため、龍宮城に立ち寄ってから会社に行きます」

"I was helping a sea turtle, so I'll head to the office after stopping by the Ryugujo."

 まあまあの美人一人と、タイやヒラメの踊りを見ながら、お仲間の海産物に舌鼓を打ち数百年を無駄にするという悪夢のようなお話です。

「息子との面会時間を増やしてもらうため、家庭裁判所に寄ってから出社します」

"I will go to the family court before coming to work to negotiate for more visitation time with my son."

 古来より「うそつきほどよくしゃべる」といいますが、遅刻の理由を詳細に話せば話すほど、たんなる寝坊で片付けられる可能性が高くなりますのでほどほどに。

「ログインボーナスをもらってから出社します」

"I'm going to the office after receiving the login bonus."

 会社へのログインも早めにしないと、ログインペナルティ、もしくは強制ログアウトされますのでご注意ください。

「身代金を受け渡してから出社します」

"I will go to deliver the ransom before going to work."

キングオブやむにやまれぬ事情、「身代金の受け渡し」。近親者の誘拐や監禁など、犯罪行為に巻き込まれた可能性を示唆し、その緊急性たるや病院立ち寄りの比ではありません。遅刻歴10年以上の、言い訳が完全に枯渇した方向けの上級レベルとなります。なお、多くの場合、「今日はそのまま休んでよい」と言われますので、突発休を希望される方におすすめです（冗談ですよ。念のため）。

✦✦ いろいろな道草を食うフレーズ ✦✦

「資金洗浄するため、シンジケートに立ち寄ってから朝礼に参加します」

"I will stop by the syndicate to launder money before attending the morning assembly."

 「資金洗浄」や「シンジケート」は、日常的によく使ううえに、大学入試などでも狙われやすい単語ですので、しっかり身につけましょう。

「道を知っていることと、実際に歩くことは違うので、電車に乗り遅れます」

"I will miss my train because there is a difference between knowing the path and walking the path."

 大げさ。

「電柱にマーキングし忘れたので戻ります」

"I need to go back. I forgot to mark my territory on the utility pole."

 道や公園、線路といった公共の場での立ち小便は違法行為として有名ですが、痰（たん）や唾を吐くのも同様に罰せられるのを皆さんご存じでしょうか？　なお、臭いの強弱にかかわらず、放屁（ほうひ）は合法です。

「通わなくなった美容室のスタッフが いるので、駅に近づけません」

"I can't approach the station because there's an employee from the beauty salon I no longer go to."

気まずい存在の代表格「通わなくなった美容室のスタッフ」。やれ「前髪がどう」だとか「襟足で遊んでみて」だとか、面倒な注文に付き合ってくれた、あなたのよきパートナーも、通うのをやめたとたんに「髪の切れ目が縁の切れ目」となり、むしろできるだけ会いたくない存在に成り果てます。最近は「通わなくなったネイルサロンのスタッフ」も増えています。

【得(とく)願(がん)竜(りゅう)】 ポイントの還元率やクーポンなど、オトクな情報を追い求める英傑(えいけつ)に与えられる異称。

Part
2
遅刻の言い訳

◆◆ 駅への苦手意識が増大するフレーズ ◆◆

「改札に嫌われたので、ホームに入れません」

"I can't get onto the platform because the ticket gate denied me entry."

 "逆サイ"の改札から攻めてみては?

「親同士が友達だけど一度も話したことのない 顔見知りがいるので、迂(う)回(かい)します」

"I'll have to take a detour because there's an acquaintance whose parents know mine well, but I've never spoken to him."

✎ 「全国子ども泣かせ会議」で、不動の第1位を獲得しそうなのが「親同士は仲がいいけど、本人たちはそうでもない」です。似たような関係に、彼女同士は仲よし、妻同士は仲よし、コンビのツッコミ同士は仲よし、飼い主同士は仲よし、などがあります。

「蚊柱があるので改札口に近づけません」

"I can't approach the ticket gate because there is a swarm of mosquitoes."

✎ 夏の風物詩、蚊柱。蚊柱だけど、実は「蚊」の柱ではないことをご存じでしょうか? 蚊柱はユスリカとよばれる蚊によく似た虫のオスが、繁殖期のメスへの求愛行動で集まって作られるそうです(アース製薬「害虫なるほど知恵袋」より)。蚊と違って吸血しませんが、ユスリカの求愛を邪魔したいだけで突っ込むのはやめましょう。

「せっかく座れたので終点まで乗ってから出勤します」

"I will come to work after riding to the last station since I've finally gotten a seat."

我が国の電車の混雑ぶりに、もはや説明の必要などないでしょう。本数の増加、テレワークや時差出勤、「2階建て通勤電車」など、玉石混交のアイデアが登場しては消え、抜本的な解決には至っていません。なお、「ラッシュアワー」という言葉は大正時代からあり、当時は路面電車でモボやモガたちが混雑にあえいでいたそうです。100年以上も続く社会問題。うっかり座れようものなら、その日は有休にしてもいいくらいです。

✦✦ 電車通勤の非定番フレーズ ✦✦

「年下の運転士に身を委ねるのが嫌なので、1本遅らせます」

"Since I don't want to entrust my life to a driver younger than me, I'll take the next train."

✎ 電車の運転士に対してはそうは思いませんが、パイロットが年下のときはちょっと気になります。いずれにせよ、このような価値観ですと、年とともに乗れる交通機関が減っていくこと請け合いです。

「車内では言語中枢をマナーモードに設定のうえ、会話はお控えください」

"Please set the speech center of your brain to silent mode and refrain from talking in the train."

✎ 人体を構成する器官の中でも、最も謎に満ちている「脳」。まだわかっていないことが圧倒的に多いそうです。幸い、言語中枢の場所は特定されています。その辺りを長押しすればマナーモードが設定されますので、快適な車内環境のためにご協力をお願いいたします。

「電車のチェーンが外れてしまったので、直してから向かいます」

"The train's chain has come off, so I'll go into work after fixing it."

✎ 技術が進んだ現代において、我々は冷蔵庫や電子レンジ一つ満足に自分で直すことができません。そもそも、どのような原理で動いているのか理解すらしていないでしょう。いわんや電車をや。

「遅れてすみません！
アディショナルタイム何分？」

"I'm sorry I'm late. How much additional time do I have left?"

「アディショナルタイム」とはサッカー用語で、試合中に空費したさまざまな時間（負傷者の治療や審判によるペナルティカードの掲示、カズダンスなど）を測り、試合の前半・後半それぞれの後に追加するシステムを指します。終了間際に発表され、一点を争う緊迫した試合ではアディショナルタイム中に逆転劇が起きることも多く、注目が集まります。ドラマチックな出勤を演出するために、職場への導入を検討してみては？

✦✦ 遅刻、その後に。✦✦

「今日のところはこの肉球に免じて許してください」

"Please forgive me today for the sake of his paw pads."

 「肉球」は、通常ひとくくりにされますが、実はそれぞれに名称があります。指球（趾球）、掌球、足底球といった具合です。色、見た目のかわいさ、肌触りのよさから考えると、例文は「指球」を指していると推測されます（個人の感想です）。

「大丈夫。涙の数だけ強くなれるし、遅刻の数だけ図太くなれるよ」

"Don't worry. The more tears you shed, the stronger you get, and the more often you're delayed, the thicker your skin is made."

 図太さの代わりに失うものも大きそうです。

「ヒーローじゃなくても、遅れてやってくるもんなんだね」

"So, not a hero, but still late, huh?"

 わざと合コンに遅れて来るスケベ野郎には、この例文で赤っ恥をかかせましょう。

「すみません、春の陽気に誘われてしまって。でも、違うんです！ 誘ってきたのは、春の陽気の方からなんです！」

"I'm sorry, I was enticed by the spring weather. But let's be clear! Spring came onto me first!"

繁華街での客引きや還付金詐欺、オレオレ詐欺といった特殊詐欺などと並んで気をつけなければならないのが「春の陽気」によるキャッチ行為です。上司や教師による注意喚起にもかかわらず、有史以来さまざまなところで「春の陽気」に誘われるケースが頻発しています。寒さが和らぎ、春特有の暖かく穏やかな気候で気が緩んだところを付け込まれ、うっかり気を許すとアホ面で熟睡なんてこともありますのでご注意ください。

✦✦ 遅刻から目を逸らすフレーズ ✦✦

「お待たせしてすみません、このホシの重力にまだ慣れていなくて」

"I'm sorry to keep you waiting. I'm not used to the gravity of this planet yet."

 遅れたということは、きっと地球よりも重力の小さい、月・水星・金星・火星・天王星辺りからお越しになったのだと思います。

「人を好きになるのに理由なんていらない。同じように、遅刻をするのにだって理由なんていらないんだ」

"Anyone can fall in love without a reason. In the same way, anyone can be late without a reason."

 一方、減給・降格・出勤停止・諭旨免職・懲戒解雇などの事由にはなるので、過度な遅刻にはご注意ください。

「確かに私は遅刻をした。しかし、これはほんの始まりにすぎない」

"Indeed, I'm late. And this is only the beginning."

 先が思いやられるので、早めの解雇をおすすめします。

「ちょっと待ってください。ここまで言い訳が出かかってるんですけど……」

"One second. I'm trying to remember my excuse. It's on the tip of my tongue..."

🖉　「出そうで言葉が出てこない」という現象は「舌先現象」といい、いわゆる一つの心理学用語です。このようなことがあるとつい老化と考えてしまいがちですが、老若男女誰にでも起こりうるものらしいのでご安心を。英語ではそのまま「tip of the tongue phenomenon」となりますが、日本語では「喉まで出かかる」と表現します。海外の方が出ている感がもう一歩強く文化の違いを感じさせられます。

遅刻の言い訳 応用編

「駅員をまくので、遅れます」
"I'm running behind schedule because I'm dodging the station staff."

「家族会議が長引いているので、遅れます」
"I'll be late because the family meeting is dragging on."

「マイナンバーが別の人に紐づいていたので、遅れます」
"I'm delayed because my personal ID number was linked to someone else."

「目にゴミを入れたので、遅れます」
"I'll be tardy because I put a bit of dirt in my eye."

「体脂肪がよく燃えなかったので、遅れます」
"I'm running late because my body fat didn't burn well."

「自信が不安に変わったので、遅れます」
"I'll be behind schedule because my confidence turned into anxiety."

「リアリティを出すため、遅れます」
"I'm going to be delayed in order to add some reality."

「歩行間隔の調整のため、遅れます」
"I won't make it on time due to needing to adjust my walking pace."

「直ちに影響があるので、遅れます」
"I can't get there as planned because there's an immediate impact."

「結界が破れないので遅れます」
"I'm running behind because the barrier won't break."

✎ サボりの言い訳

相手との
距離を広げる
日常業務

「恐れ入りますが、弊社に佐藤は17人おりまして。はい、はい、すみません、私服がダサい佐藤も4人いるのですが」

"I'm afraid there are seventeen Satos here. Yes, yes, I'm sorry, but there are also four Satos who have no sense of style."

日本で最も人口が多い名字としておなじみの「佐藤」さん。職場や学校などに1人以上存在するため、佐藤（義）やG.G.佐藤などと下の名前や枕ことばをつけられてよばれることもしばしばです。かつて、今よりもずっと尖っていたジャックナイフ時代のタモリが「だ さいたま」と言って埼玉県をやゆしたわけですが、私服のダサい佐藤さんは……。いえ、なんでもありません。

✦✦ 相手を選ぶ電話対応 ✦✦

「すみません、まだサンタを信じている佐藤は7人いるのですが」

"I'm sorry, there are seven Satos who still believe in Santa Claus."

✎ とある調査によれば、サンタクロースの存在を小学生まで信じていたという方は70％程度おり、中高生まで信じていた、記憶があいまい、そもそも信じていないなどを含めると約97％となるそうです。残りの約3％の方はまだ信じていることになりますが、この会社は41％の佐藤さんがまだ信じているため、全国平均を大きく上回っています。

「すみません、青少年に有害な佐藤も3人いるのですが」

"I'm sorry, there are three Satos who are harmful to young people."

✎ 石原慎太郎元都知事による「東京都青少年健全育成条例の改正」以降、不健全図書という子どもの目に触れさせたくない漫画や雑誌が販売規制を受け、「表現の自由」を求めるクリエイターとの間で議論が定期的に紛糾しています。なお、本書は健全図書として、0歳児から安心してお手にとっていただけますので、お子さまの情操教育の一環としてぜひご活用ください。

「すみません、ホルモンをのみ込むタイミングがわからない佐藤は10人いるのですが」

"I'm sorry, there are ten Satos who don't understand when to swallow intestines after chewing."

✎ 宇宙、地球の内部と並んで、人類が未解明の大いなる謎の一つに「ホルモンをのみ込むタイミング」があります。ホルモンだけにニュートンやアインシュタインでも歯が立ちませんでしたが、寺門ジモン博士の研究成果に期待です。

「恐れ入りますが、弊社に佐藤は17人おりまして。はい、はい、すみません、物理攻撃が効かない佐藤も5人いるのですが」

"I'm afraid there are seventeen Satos here. Yes, yes, I'm sorry, but there are also five Satos who can cancel physical attacks."

物理攻撃とは、読んで字の如く物理的な攻撃ですが、頭上からタライを落としたり、尻に吹き矢を放ったりと、現実世界では重力や空気を利用した攻撃以外ありえません。こんな言葉が生まれたのは、魔法や超能力といった自然科学を無視した攻撃が創作されたからでしょう。幽霊や精神体、魂系のモンスターには物理攻撃が効かないことが多いようですが、この佐藤さんたちは何者なのでしょうか。

✦✦ 極端に相手を選ぶ電話対応 ✦✦

「すみません、戦いの中で成長する佐藤は4人いるのですが」

"I'm sorry, there are four Satos who level up during battle."

✎ 死の淵からよみがえるたびに戦闘力が上がる佐藤、敵のときは圧倒的に強かったのに味方になったとたん弱くなる佐藤なども複数人いるもよう。

「すみません、原作には登場しない佐藤は3人いるのですが」

"I'm sorry, there are three Satos who aren't canon."

✎ いわゆるアニメオリジナルキャラとよばれる登場人物で、最も有名なものとして『サザエさん』の「花沢さん、中島、穴子さん」が挙げられます。一般的に原作厨から嫌われる傾向にありますが、この3人は50年以上登場し続けることで市民権を得ています。

「すみません、よんでいないのに必ず飲み会に来る佐藤は5人いるのですが」

"I'm sorry, there are five Satos who always come out to drink even though we didn't invite them."

✎ 開催情報の入手スキル、スケジュールの調整能力、頑丈な肝臓など、会社員にとって重要な能力を備えていますが、「空気が読めない」という1点ですべてが水の泡に。

【謝葛亮弁明（しゃかつりょうべんめい）】 古代中国、釈（しゃく）の軍師。「責任転嫁三分の計」で、失政多く民を苦しめるも失職はせず、幸せに天寿を全うした。

「恐れ入りますが、弊社に佐藤は17人おりまして。はい、はい、すみません、ドーナツを選ぶのが遅い佐藤も9人いるのですが」

"I'm afraid there are seventeen Satos here. Yes, yes, I'm sorry, there are nine Satos who take a long time to decide which donuts to buy."

混んでいるATM、松屋の券売機と並んで、無駄に緊張するのがドーナツ店での商品選び。流れを停滞させないように早めの判断が求められますが、その割に商品の種類が多く、後ろの人との距離も非常に近いため無言の圧を感じやすいシステムとなっています。ドーナツチェーンが日本に上陸してから50年以上が経過しています。停滞する日本の成長に足並みを揃えることなく、新たな仕組みを導入してほしいものです。

✦✦ 究極的に相手を選ぶ電話対応 ✦✦

「お待たせしており申し訳ございません。佐藤はあいにくファウルで粘っておりまして」

"My apologies to have kept you waiting. I'm afraid Sato is still fouling off pitches to extend his at-bat."

 ファウルで粘ることのメリットとして、ざっと次のことが挙げられます。打者有利のカウントをつくれる、フォアボールの確率が上がる、相手ピッチャーの球数を増やせる。以上のことから、緊急の用件以外では電話をおつなぎすることはできません。

「クレーム電話が長かったので、逆探知に成功しました」

"We managed to keep the telephone complaint just long enough on the line to successfully trace its source."

 あとは現場に踏み込むだけですね。

「私がそばにいてやらないとダメになるので佐藤は対応できません」

"He can't exist without me, so I'm afraid that Sato is not available."

 ウサギみたいな佐藤ですね。

「まもなく担当者が参ります。こちらの空気椅子におかけになって少々お待ちください」

"Someone will be with you shortly. Please do a wall sit and wait."

「座って休む」という人類が生み出した椅子の概念を根本から覆す空気椅子。Z世代以降には、効果的に脂肪が燃焼できるエクササイズとしておなじみですが、昭和世代にとっては、シゴキの代名詞としてトラウマです。空気のように快適な座り心地を提供しそうなネーミングですが、実際は地球の重力を体感できる重力椅子。アーロンチェアの対義語になる日も遠くありません。

◆◆ 来社を後悔させる来客応対 ◆◆

「佐藤にお見えになったことを伝えます。スタンディングオベーションをしてお待ちください」

"I'll let Ms. Sato know that you're here. Please give me a standing ovation while you wait."

✎　スタンディングオベーションは、1743年のイギリスでのとある演奏会から始まったとされ、世界的引っ込み思案の我が国にも浸透しています。ただ、予定調和感が強く、最初の1人はサクラの疑いがあるケースも多いため、近年は当局による監視が強化されています。

「佐藤の予定を確認しますので、そちらでジョジョ立ちしてお待ちください」

"I will see if Mr. Sato is available. Please wait in a JoJo Pose."

✎　荒木飛呂彦先生によるライフワーク『ジョジョの奇妙な冒険』シリーズに登場するキャラクターたちの、冒険よりも奇妙なポーズを称して「ジョジョ立ち」といいます。簡単なものから、ヨガの達人でも骨を折りそうな高難度のものまで各種あります。

「申し訳ありませんが、令状のない方とはお会いすることができません」

"I'm sorry, but I can't meet with anyone who doesn't have a warrant."

✎　刑事ドラマや犯罪小説などでたびたび耳にする「令状」。代表的なものに逮捕状がありますが、それ以外にも、捜索差押許可状や身体検査令状、ネズミ捕り令状、転び公妨令状などがあり、裁判官の判断によって発行されます（冗談ですからね、念のため）。

「我らミスする日は違えど、言い訳をする時は同じ日、同じ時を願わん」「鬼灯園の誓い」とも。鬼灯の花言葉は「偽り・ごまかし」

「今、完全に私の間合いですよ。大丈夫ですか?」

"You're completely within my range. Are you sure you want to do that?"

かつて我が国では「男子家を出ずれば七人の敵あり」といわれ、男性が社会に出るときの厳しい戒めがありました。もっとひどいと「人を見たら泥棒と思え」なるものまであり、日本人の猜疑心旺盛ぶりには驚くものがあります。平和教育の浸透で現在ではほとんど死語となっておりますが、油断は大敵。時折、思い出したように例文のような言葉を投げかけ、眠れる大和魂に活を入れてあげましょう。

✦✦ 嫌な客を突き返す塩対応 ✦✦

「こちらに、御社名とお名前、連帯保証人のお名前をご記入ください」

"Please fill in your name, current employer, and co-signer here."

 聞いて何をする気でしょうか。

「ただいま、社内序列最下位のものを連れてまいりますのでお待ちください」

"Could you please wait here while I bring the employee lowest in our corporate hierarchy?"

 企業における一般的な社内序列は、上から会長、社長、専務、常務、部長、次長、課長、係長、主任、一般社員に分けられます。ところが、一歩外に出ると、大企業の一般社員が中小企業の社長をアゴで使っていたり社長がトイレ掃除をしていたりするため、一概に序列最下位といっても侮れません。

「お約束のない方は私を倒してからお入りください」

"If you don't have an appointment, you'll have to defeat me first to enter."

 一度は言ってみたい漫画・アニメセリフランキングの上位に必ず顔を出す「どうしても行きたいのなら、私を倒してから行け」。言ったところで倒されるか、暴行罪で捕まるだけなので損しかありませんが、なぜか人気です。

「かつては兜の緒を締めていた」

昔は、成功しても油断せず気を引き締めていたが、最近はすっかり堕落してしまったさま。

「安心してください。医師の指導のもと、産業スパイへ尋問しています」

"Don't worry. I'm interrogating the industrial spy under medical supervision."

スパイと聞くと映画の影響からか、MI6やCIAといった国家機密を盗み出す世界を舞台に活躍するクールアンドタフガイをイメージし、我々の日常生活から遠い存在と思いがちです。しかし、実際は我が国においては企業スパイが跳梁跋扈し、機密データの漏洩などが問題となっています。監視の目を光らせることは重要ですが、四の字固めで尋問を加えるのは医師の指導のもとでも犯罪になりますので、ご注意ください。

◆◆ 高度が低いリテラシー表現 ◆◆

「バカやろう！ 謝って済むから、俺がまだ会社にいるんだろうが！」

"You idiot! The fact that I've stayed at this company is proof that just saying sorry is good enough!"

✏️ 昭和・平成・令和と3つの時代を謝罪で生き抜いてきた言葉の重みが感じられる、すがすがしいほどの逆ギレです。

「すみません、うっかりブレーキとアクセルを踏み間違えて、取引先にタメ口を使ってしまいました」

"Sorry. I mistakenly stepped on the gas instead of the brake, and I used slang with my client."

✏️ 近年、高齢ドライバーによる交通事故が社会問題化しています。多くはペダルの踏み間違い、一時停止の見落としといった認知機能の低下によるミスだそうです。例文のようなケースでは営業能力の欠如もみられるため、免許証に加えて、社員証の返納も視野に入れるべきです。

「任せて。こう見えて私って自分にも他人にも、地球環境にも厳しいの」

"Leave it to me. I may not look like it, but I'm strict with myself, others, and the global environment."

✏️ 厳しい環境に身を置くことは自分を成長させてくれますが、エネルギーの無駄遣いやポイ捨てといった環境への意識の低さは成長とモラルを阻害しますゆえ控えましょう。

「いい加減にしてください。これだけ言ってもまだ僕に自己責任能力があると思うんですか?」

"Give me a break. Even after all I've said, do you still think I have the ability to take responsibility for myself?"

「無い袖は振れない」は、お金や財産を求められた際に使われますが、能力においても転用が可能です。100mを10秒台で走ったり、お盆を高速で裏返しても股間を露出させなかったりする能力と同様に、責任をとるにも能力が必要。能力がない人間がお盆を裏返しても股間を露出させてお縄になってしまうように、責任能力のない人間に責任をとることを求めても放棄されるだけなので、上司たるもの部下の能力について把握し、適切な差配をする必要があります。

✦✦ 上司との交流を断絶するフレーズ ✦✦

「ごめんなさい。私はほめられても伸びないタイプなんです」

"Sorry, I'm not the type of person who thrives on compliments."

 では怒られて伸ばしましょう。

「私、あなたにほめられるまで自画自賛を続けますよ」

"I'm not going to stop praising myself until you compliment me."

 「人にほめられたい」「話を聞いてほしい」「がんばりを見てほしい」といった欲求を、承認欲求とよびます。SNSの普及とともに、「いいね！」ほしさに過剰な投稿を行う一部のユーザーへ使われるようになりました。承認欲が食欲・性欲・睡眠欲の三大欲求を上回る猛者もいるのでご注意を。

「うそをうそと見抜ける人でないと、私を扱うのは難しいですよ」

"If you're not someone who can see through lies, it would be difficult to deal with me."

 「2ちゃんねる」創始者、西村博之氏が「うそはうそであると見抜ける人でないと……」と言ったのはかれこれ20年前。デマやフェイクニュースは相変わらずネットで活況を呈し、筆者も毎日のように陰謀論に胸を躍らせています。なお本書においては、冗談を冗談と見抜ける人を推奨しておりますのであしからず。

「俺は普段はいじわるでハラスメント体質だけど、映画版ではいいヤツになるんだよね」

"I'm usually mean and have a propensity for harassment, but in the film adaptation, I become a good guy."

「劇場版ジャイアン理論」とよばれる、普段はいじめっ子のジャイアンが映画版では仲間想いの献身的な子どもに変身するような現象。映画版は別としても、イベント時に通常とは性格が変わるタイプに「深夜残業中の上司」や「修学旅行で夜中に見回りに来る体育教師」などが挙げられます。どれも普段と違って優しく「ギャップ萌え」を誘発しますが、DV人間の典型ともいえますので、簡単に心を許すのは危険です。

✦✦ 人間関係を希薄にする表現 ✦✦

「私は、これまでに7か国語で詫び状を書いたことがあります」

"I have written letters of apology in seven different languages in the past."

 語学に堪能なバカというのは最も始末が悪いものです。

「彼女の反省の色は、いつ見ても本当に鮮やかだなぁ」

"Her signs of remorse are truly vibrant whenever I see her."

 色は、名前があるものだけでも日本に2130種類、海外では7500種類あるといわれています。名前のない色に至っては無限に存在するのですが、反省の色についても同様。泣き崩れるものから、うつむき加減に「チッ、うっせーな、反省してまーす」まで様々です。

エアコンの温度設定で始まったいざこざが、10年後、最高裁で幕を閉じた。

The dispute caused by the thermostat settings was settled by the Supreme Court ten years later.

 ささいなもめ事が刑事事件に発展するケースは、私たちの日常でも枚挙にいとまがありません。「電車内で乳首を踏まれた」とか「マスクをしないで屁をした」だとかでののしり合いが始まり、いつしか刃傷沙汰へ。ストレスに満ちた現代社会を生きる私たちは、いつでも修羅へと落ちる可能性を秘めています。いわんやエアコンの温度設定をや。

「なぜネコを連れてきたのですか」
「月曜日を乗り切るために、どうしてもタマの力が必要だったんです」

"Why did you bring your cat here?"
"I badly needed Tama to make it through Monday."

SNSやYouTubeの影響からか、現在は空前のネコブームです。見ない日はないほどで、神としての扱いを受けていた古代エジプトをほうふつとさせます（2回目）。ペットフード協会が行った調査によると、ネコの推定飼育頭数がイヌの数を上回ったそうです。近年「多様な働き方」を尊重しようという意識が広まり、ペット同伴OKの会社も登場しています。「同伴といえばキャバ嬢」などと考えてしまいがちな中年男性は意識改革が急務です。

✦✦ 勤怠管理不行き届きフレーズ ✦✦

「大谷翔平ですら中5日なのに、週休2日なんて無理です。3日でも足りません」

"Even Ohtani takes five-day breaks, so taking only two days off a week is impossible. Even three days isn't enough."

 入団当初、多くの人から疑いの目で見られた「二刀流」。あれから10年が経過し、海を渡って最高峰のリーグでも高いレベルで二刀流を継続しています。そんな大谷選手といえども、登板は中5日。平凡な会社員に週休2日とは何事でしょうか。今こそ働き方改革を。

その従業員は、チョウのように舞い、ハチのように刺しますが、全く働きません。

The employee floats like a butterfly and stings like a bee, but doesn't work at all.

 「仏作って魂入れず」みたいな従業員ですね。

「自慢じゃないが、私はあまりにも使えないため、託児室に預けられたことがある」

"Not to brag, but I've been left at daycare because I was so useless."

 預けられた方はたまったものではありませんね。預かり放棄をおすすめします。

「ひょっとして入れ替わってる〜!?」部長が課長へ降格し、課長が部長に昇進した。

"Could this mean that we've swapped bodies!?" The department manager was demoted to the section manager, and the section manager was promoted to the department manager.

人の身体が入れ替わったり、登校時に衝突した女性が同じクラスに転校してきたりする設定は、創作物で長年にわたり頻繁に使われてきました。我々人類に潜む何かしらの願望の表れなのでしょうか。ちなみに人間の身体には細胞が数十兆個あり、日々更新され、数か月で一部を除いて入れ替わるそうです。がんばれば部長だろうと川合俊一だろうと誰でも一年も経たないうちに入れ替われる可能性を秘めているといえます。

✦✦ 尋常じゃない人事のフレーズ ✦✦

「本日から営業部に配属となった佐藤です。前職での役職は主犯格でした」

"I'm Sato, I will be working in the sales department from today. In my previous job, my position was that of the ringleader."

 主任、もしくは主任補佐のようなものでしょうか？　だとしたら大したことはなさそうです。

「我が社は家族経営ですが、全員父親が違います」

"Our company is family-run, but all the employees have different fathers."

 アットホームといえばアットホームと言えるかもしれません。

「日頃のがんばりが認められて、やっと窓際のポジションを手に入れました」

"After my daily efforts were rewarded, I finally managed to get a work desk by a window."

 おめでとうございます。毎日遅くまでダラダラしたり、大事なクライアントに心を込めて無礼を働いたりした結果ですね。

✎ 会議の言い訳

健康で文化的な
最低限度の会議

「ミスではありません。この資料は フィクションです。実在の人物や団 体、正確性などとは関係ありません」

"I didn't make a mistake. This document is a work of fiction and has no relation to any real people, groups, or factual accuracy."

ドラマや漫画でおなじみのテロップ。「昨日のあれ、俺のことでしょ?」や「うちの組の名前を勝手に使うな」的な、フィクションを都合よく解釈する変な人たちによるクレームが実際に寄せられたために掲載されるようになったそうです。会議においては、議論そっちのけで資料のささいなミスを見つけることに命をかける暇人もいるので、円滑な進行のためにも記載をおすすめします。

◆◆ 準備不足を補わない資料作成 ◆◆

「作者急病につき休載します」と資料に記載し、会議をドタキャンした。

I wrote 'The author is ill and will be on hiatus' in the materials and cancelled the meeting at the last minute.

海外にも多くのファンを抱える日本の漫画やアニメは、内閣府が掲げるクールジャパン戦略の最右翼を担う存在ですが、その制作環境の過酷さはクールさのかけらもない、努力と汗にまみれた苦ジャパンそのもの。そんな彼らの最後の切り札が「作者急病」です。心して使いましょう。

「肘に違和感があるのでコピーを取れません」

"Something is wrong with my elbow, so I can't make a copy."

野球選手にとって肘と言えば違和感、違和感と言えば肘といわれるくらい、肘には違和感がつきものです。ダルビッシュや大谷が受けたトミー・ジョン手術も肘の手術です。術後2年間はコピーが取れなくなるので慎重な判断を。

「余った資料は、スタッフが美味しくいただきました」

"Our staff ingested the leftover meeting materials eagerly."

「一緒に走ろう」や「全然勉強してない」「絶対何もしないから」などと、日本語には伝統的に信用度ゼロの言い回しが、数多く存在します。例文の「スタッフがうんぬん」もそのうちの一つ。誰も信じないにもかかわらず、とりあえず一文入れておくだけでコンプラ的に丸く収まるので重宝します。

「ファンミーティングがあるため、マーケティング会議には出席できません」

"I cannot attend the marketing meeting because I have a fan meet-and-greet."

ファンミーティングとは、アイドル、スポーツ選手などが彼らのファンへ向けてファンサービスを行うイベントのことで、俗に「ファンミ」なとと略されたりします。通常のコンサートやイベントとは異なり、トークを中心に、握手会、写真撮影会が行われ、ファンとの距離の近さが特長です。それを踏まえると、完全にプロ野球の球団が実施する「ファン感謝デー」と同義な気もするのですが、やはり「ファン感」ではダサい感じがしてダメなんでしょうか?

✦✦ 背すじを伸ばさず参加する会議 ✦✦

「その資料、R指定じゃなくて社外秘だから」

"This document isn't R-rated, it's confidential."

 R指定の資料は「18歳未満立ち入り禁止」の表示がある、謎のの
れんで隠された謎の空間に保管しておきましょう。

「ちょっと役員会議行ってくる」
「部長、つまみ忘れてますよ」
「おっと」

"I'm off to the board meeting."
"Boss, you forgot your snacks."
"Oops."

 こういうバカはつまみ出しましょう。

「すみません、羞恥心が残っている方には資料をお渡しできません」

"I'm sorry, but I can't provide the materials to those who still have a sense of shame."

 もしビジネスパーソンにとって不要なものがあるとするならば、「羞
恥心」かもしれません。上司へのごますりから、クライアントへのス
ライディング土下座までビジネスには羞恥心が邪魔をするイベントが満
載。メンタルヘルスのためにも、そんなものは燃えないゴミの日にさっぱり
捨てておきましょう。

「ランチ経営者会議を開始しましょう。議題は経営陣の報酬と昇進に関する評価ですが、まずはキッズメニューの間違い探ししましょう。あ、会長！　ドリンクは混ぜないで！」

"Let's get started with today's lunch board meeting. Our main topics are the evaluation of executive compensation and promotions, but first, let's play a 'spot the difference game' on the kids' menu. Oh, Chairman! Please don't mix the fountain drinks!"

　　　ランチミーティングとは、昼食時間に開催される会議やディスカッションのこと。食事を楽しみつつ気楽に会話ができるので、かしこまらず、重要なクライアントと打ち解けたりしやすいため活用されています。一見、いいことずくめな気がしますが、昼休憩が奪われるうえに接待的要素も加わるため、とある調査では7割以上から嫌がられているとか。ライトな語感とは裏腹の地獄のようなイベントです。

✦✦ 会議の進行を妨げるフレーズ ✦✦

「病めるときも 健やかなるときも、私を議長として愛し、皆で話し合うことを誓いますか?」

"In sickness and in health, do you love me as your chairman and vow to discuss at the roundtable?"

 死が皆を分かつまで命の続く限り、議長である私を愛し、敬い、話し合うことを誓いますか?

「舌打ちまで議事録にいれなくていいからね」

"You don't have to include their 'tsk' in the minutes, okay?"

 議事録作成は会議で決定権のない下っ端の役目というイメージですが、とめどなく話された内容や舌打ち、放屁、それらの大きさや臭いなどの情報を取捨選択し、簡潔にまとめるには一定のセンスが必要ともいえます。

「遅れてきた人たちのために、もう一度、長渕のモノマネを披露します」

"For those who arrived late, I'm going to impersonate Tsuyoshi Nagabuchi again."

 手アカの付いたモノマネをもう一度見せられる人はたまったものではありませんね。

「資料がない方は、私の理性が残っているうちに手を上げてください」

"If you didn't get a handout, raise your hand before I lose all control of myself."

現実では口にしないけれど、テレビや映画、漫画などの創作物ではよく聞くセリフ。ほかにも「消えろ！ 俺の気が変わらないうちに！」と、組織に背いて人質を逃したり、「犯人がわかりました」とロビーに宿泊客を集めたり、お金持ちの「ざます」や広島県以外の老人の「じゃのう」などと枚挙にいとまがありません。現実には使わないであろう例文を学びライバルに差をつけましょう！

✦✦ 会議を盛り下げるフレーズ ✦✦

「議論が盛り上がっているところすみません、ミーは何しにこの会議に？」

"Sorry to interrupt while the discussion is heating up, but what exactly am I attending this meeting for?"

 ユーじゃないので、ミーにもわかりません。

「このデータからわかる通り、この商品を買った人の98％以上が48時間以内に何らかの水分を摂取しています」

"As you can see from this data, over 98% of people who bought this product consumed some form of hydration within 48 hours."

🖊 日本での会議において、意味のある議論はタブーとされていますので、例文のような様々な表現を覚えておくことをおすすめします。

「ご意見はありませんか？　黙ってないで、ワクチンみたいに反応してください」

"Does anyone have any comments on that? Please react like a vaccine, don't just stay quiet."

🖊 コロナ禍が去りつつある今、すっかり話題にのぼらなくなったコロナワクチン。かつてちまたでは、予防効果はそっちのけで「副反応」の話題でもちきりでした。国民の約8割が接種したとされる貴重な共通体験ですので、例文のように多少無理があっても例えとして使用してみてはいかがでしょうか。

「乳酸菌が生きて腸まで届いたので、ちょっと中座します」

"The lactic acid bacteria have reached my intestines alive, so I need to step out for a bit."

言い訳や責任回避の方法で最も有力なものに「医学や科学のせいにする」があります。文系が70％を占める我が国の国民にとって、「医学や科学」には有無を言わせないものがあります。遅刻、忘れ物はもちろん、メールの誤送信など、すべて「医学や科学のせい」で済ませられます。ちなみに例文の「生きて腸まで」ですが、死んでいても効果に問題はないそうです。

✦✦ 片腹が痛い会議でのフレーズ ✦✦

「腸から非常事態宣言が発令されたので、会議を一時中断します」

"A state of emergency has been declared in my bowels, so I'll have to temporarily interrupt the meeting."

 どんな紳士淑女でも一度くらいは、出先で急激な便意に襲われ、冷や汗をかいた経験があるでしょう。我々が日常的に行っている排泄行為は、「トイレが近くにない」というたった一つの条件で脆くも崩れ去り、たやすく非常事態に追い込まれてしまいます。日常に潜む危険を再認識するために、時々下剤を飲んで会議に臨むとよいでしょう。

「諦めたらそこで会社員生活終了です」。そう言うと、部長は尻に手をあてて会議室を後にした。

"When you give up, that's when your life as a company employee is over," the department manager said and left the conference room while holding his buttocks.

 人類は日々腹痛の危険と隣り合わせであり、「withコロナ」などよりもずっと前から「with腹痛」として生きてきました。我々にとって大人になるとは「人前で漏らさない」と同義であり、これに失敗した場合はその後の社会人生活で大きな十字架を背負うことになりかねません。

「人は何をするかではなく、失敗からどう立ち直るかで判断されるべきだ」。部長はそう言うと、その場で泣き崩れた。

"People should be judged by how we rise after failing rather than by what we do," the department manager said and broke down into tears.

 部長は大きな十字架を背負うことになりました。

「まずは自由に意見を出してください。田中さん、アナルではなく意見をお願いします」

"Firstly, feel free to drop a suggestion. Mr. Tanaka, please share your thoughts, not anus."

近年、アナル（anal）が名詞ではなく形容詞であるということが、様々な英語話者や学習者の努力により拡散され、広く国民の知るところとなりつつあります。中でも、インターネットの果たした役割は大きく、「肛門」「形容詞」で検索すると、なんと20万件以上がヒット（Google検索）。これは、「スター錦野」を上回る件数となっています。もし、ご存じなかった方はいい機会ですので、このタイミングで覚えましょう。

✦✦ 会議の停滞を助長するフレーズ ✦✦

「今、うたた寝してたよ」
「いや、計画睡眠だよ」

"I saw you napping."
"No, it was a previously scheduled snooze."

 睡眠は計画的に。

「今、何年、何月、何日？　ちくしょう！　またこの世界線か！」

"What year, month, and day is it now? Damn it! I ended up coming to this multiverse again."

 中学2年生くらいまでの使用をおすすめします。

「すみません。あいにく、今は集中力を切らしておりまして」

"I'm sorry, but unfortunately, I'm out of concentration right now."

 「名刺を忘れた」では問題があるけれど、「名刺を切らした」だとなぜか穏便にことが収まる。日本語のうさんくささ、いえ、おもしろさの一つですが、集中力にも適用できるかは不明です。

「ポテンシャルを最大限に引き出すため、少し横になります」

"To maximize my potential, I'm going to lie down for a bit."

多くの人、特に本書を手にするような方は、縦でいるよりも横でいることを好む傾向があります。「横になる」は、日本語らしい奥ゆかしい言い方で、単に「寝る」というよりも寝る感が緩和され、「レム睡眠」感が醸し出されます。「レム睡眠」とはいわゆる浅い眠りのことを指し、脳が活動している状態ですので、職場で「ちょっと横になる」なんて発言にぴったりです。

✦✦ 目が覚めるような居眠り ✦✦

「眠気に耐えてよくがんばった。感動した！」

"You withstood the sleepiness and didn't give up on waking up. I was deeply moved!"

 名言を数多く残した元総理の才能は、迷言となってご子息に受け継がれています。

「神さま。うたた寝はなぜ、私を選んだの？」

"Oh, God, why did the catnap choose me?"

 「神の前において我々は平等に賢く、平等に愚かで、平等に睡眠が不足している」by アルベルト・スイミンシュタイン

「佐藤さん、田中さんが北枕になってるから起こしてあげて」

"Sato, please wake up Tanaka. He's sleeping with his head facing north."

 「部長、南向きの席を田中さんに譲ってあげてください」

「議論が白熱してきましたので、最後は穏便に暴力で決めましょう」

"As the debate has started to get intense, let's finally settle the issue peacefully with violence."

　　先日、国会の審議である議員が実力行使におよぶ事件が発生しました。武力による解決は漫画やアニメや本書の中だけにしてほしいものですが、我が国の憲政史上でもこのような出来事は定期的に発生しています。議論が紛糾すると感情のコントロールが利かなくなり、最終的には髪が金髪になって逆立ち、金色のオーラが全身を覆い、謎のエネルギー弾を放出しないとも限りません。あと数回変身を残している議員はご注意ください。

会議で使いたい重要表現集

「自己紹介の前に、九字を切る」
Do Kuji-Kiri before introducing myself.

「プレゼンの前に、ハカを踊る」
Perform the haka before the presentation.

「質問に答える前に、式神を呼び出す」
Summon a Shikigami before answering the question.

「議長を壁ドンする」
Slam my hand into a wall in front of the chairman.

「テレパシーで、議長の頭に直接語りかける」
Speak directly into the chairman's mind via telepathy.

「がんばった自分へのご褒美で、議事録を書かない」
Skip on writing the meeting minutes as a reward for one's hard work.

「あくびのクラスター感染を引き起こす」
Cause a cluster infection of yawns.

「会議は一日一時間まで」
A meeting is limited to one hour per day.

「お腹が空いたので、賛成にする」
Vote in favor because I'm hungry.

「終わった後に、仲間になりたそうに議長を見る」
Look at the chairperson as if I want to become friends after the meeting is over.

「コールドスリープしてくるから、次の会議の前に起こしてくれ」

"I'm going into cryosleep, so wake me up before the next meeting."

コールドスリープは「身体を低温状態に保ち、その間、生命活動を一時的に停止させる」というSFにおける概念です。この状態では、老化や病気の進行が停止するため、不老不死や難病の治療が可能となる時代まで眠り続けるといった目的で使用されます。残念ながら現代ではまだ実現ができておらず研究が進められている状況のため、例文の課長は単なる昼寝です。近くを通るたびにドックを蹴り、安眠を阻害してやりましょう。

◆◆ そうそうたらない顔ぶれの会議 ◆◆

「妻の顔の小ジワが指数関数的に増えたので、リモートではなく出社してもいいですか?」

"The number of fine lines on my wife's face has increased exponentially, so may I come to the office today instead of working remotely?"

✎ コロナ禍によって浸透した単語の一つに「指数関数」があります。高2の数学で習うようですが、文系脳の皆さまにおかれてはほとんど記憶になかったことと推測します。とりあえず、めっちゃ増える、みたいなことらしいです。奥さまの美容のためにも別居、いえ、出社を。

「すみません。今スリープモードです」

"I'm sorry. I'm in sleep mode now."

✎ 「誰かいませんか?」「今、留守です」のオフィス版です。

「何か新しい案はありませんか?　田中さん、アナルではなく代案をお願いします」

"Does anyone have a new idea? Mr. Tanaka, please show an alternative plan, not an 'anus'."

 田中さん、しっかりしてください。

「ファンの夢を壊さないため、カメラ はオフにします」

"I'm turning off the webcam to avoid shattering the dreams of my fans."

2012年、テレビは地デジへと完全移行し画質が向上したことで、クオリティの高い映像を楽しめるようになりました。その一方で、それまでの映像では見えなかった、アイドルや俳優の毛穴やシミ、シワまでバッチリ映ってしまい多くの失望や阿鼻叫喚をよび、来たる4K時代に暗雲が立ち込めています。オンライン会議での顔出しも同様の危険性をはらんでいますが、Zoomではかなり"盛れる"と専らのうわさです。

「すみません、脳回路への接続が少し不安定です」

"I'm sorry, the connection to my brain circuit is unstable."

 脳の回路とは、脳内のニューロンが相互に接続されて形成するネットワークを指します。互いに化学物質や電気信号を通じて情報を伝達し、我々の学習、記憶、意識、感覚、運動、気、呼吸、念など、すべての心的・身体的な機能を支えています。不安定な場合は、耳もとで大声で叫ぶとニューロンがシャキッとして再接続されるのでおすすめです。

「自宅からは以上です。スタジオにお返しします」
そう言うと、彼は画面共有を解除した。

"That's all for my report at home. Back to the studio," he said as he stopped sharing his screen.

 テレビの見すぎ。

「田中さん、資料の共有をお願いします。パンツははいてください」

"Mr. Tanaka, please share your briefing materials. Put on your underwear."

 誰か田中さんのアナルを溶接でふさいでください。

Part

5

✎ノルマ未達の言い訳

ビッグデータを
無視した
解像度の粗い
セールストーク術

「私はノルマが好きですが、ノルマは私を好きではありません」

"I love my quota, but my quota doesn't love me back."

　　　　とんなに相手のことを想っていても、振り向いてくれない。片思いとは
　　　　特定の誰かに対する熱い感情、そしてその感情が相手に届かない
という苦い現実が交錯する、純粋で強烈な甘酸っぱい人生経験といえましょう。片思いが報われないときの失望感は大きいですが、一方で個人の成長をもたらします。その痛みを通じて、我々は自分自身について、そして世の中について多くを学びます。相手がたとえ売上ノルマであったとしても同様です。

◆◆ ノルマに届かないときのフレーズ ◆◆

「お言葉を返すようですが、部長。自分のノルマも大切ですが、推しのノルマも大切なんです」

"I don't mean to contradict you, but while my quota is important, I also consider my favorite person's quota important."

 お言葉を返すようですが、会社のノルマが一番大事なんですよ。

「ノルマはな、命より重いんだ」。某漫画に影響を受けた部長の意見が極端。

"Your quota is more precious than your life." The department manager, influenced by a certain manga, has an extreme opinion.

 ほかに「今、言葉は不要だ……。今おまえらがなすべきことはただ売ること、売ることだ!」や「会社はおまえらの母親ではない。おまえらクズの決心をいつまでも待ったりはせん!」なども。

「生活習慣病を予防するため、私は日頃から塩分や糖分、売上を抑えた生活を心がけています」

"To prevent lifestyle diseases, I'm always trying to cut down on salt, sugar, and sales."

 売上を控えることで、上司からのプレッシャーや部下からの突き上げなどが増すため、メンタルヘルスの低下にもご注意ください。

おじいさんは月間売上目標を達成するために山にしば刈りに、おばあさんは商談をまとめるために川に洗濯に行きました。

The old man went to the mountains to gather firewood and meet his monthly sales goal, and the old woman went to the river to do laundry and wrap up a business meeting.

桃太郎の前半の掴みといえば、おばあさんが洗濯している川へ大きな桃が流れてくるシーンですが、彼女がもし洗濯に行かず、桃がそのまま下流まで流れてしまっていたら……。もし、緊急事態宣言で外出禁止だったら。もしおじいさんが久しぶりにムラムラしておばあさんを朝から押し倒していたら。歴史にIfはないとはいえ、この老夫婦がルーティーンを崩さないタイプであったことが幸いし、鬼ヶ島の征伐につながったのです。

✦✦ 日本ノルマ昔ばなし ✦✦

ノルマを達成できなかったため、先輩は鬼に食べられてしまいました。

As he failed to meet the quota, my superior was eaten by demons.

 24世紀版 桃太郎 完。

「本当の売上を知られたからには、もうここにはいられません」。娘はそう言うと、鶴に姿を変え、渋谷の方へ飛んでいってしまいましたとさ。

"You've seen my true sales performance, so I can't stay here any longer." After saying this, she changed into a crane and flew up to Shibuya.

 28世紀版 鶴の恩返し 完。

太郎は今月の釣果がノルマに達していなかったため、カメを見捨てて釣りに行ってしまいました。

Taro left his turtle behind and went fishing because he hadn't met his monthly catch quota.

 32世紀版 浦島太郎 完。

「間に合ってます」彼女の営業電話を切るスピードは早すぎて、声が遅れて聞こえてきます。

"No, thank you. We're good." She hangs up on the telemarketer so quickly that her voice is heard delayed.

雷が光ってから遅れて雷鳴が聞こえたり、花火が開いてから打ち上げ音が聞こえたり、なんか臭いなと感じてからおならの音が聞こえたり。最後は別として、音は空気中を秒速約340mで伝わるため、発生源から離れた場所にいる場合、聞こえるまでに時間差が生じることは有名です。例文の女性はマッハを超えるスピードで受話器を叩きつけたわけですが、完全に職業選択を間違えていると思います。

✦✦ ポイントを外したテレアポのフレーズ ✦✦

「長くテレアポを続け、いつかメジャーでも受話器を持ちたいので、トミー・ジョン手術を受けます」

"I want to do telemarketing for a long time and pick up receivers even in the major leagues someday, so I'm going to have Tommy John surgery."

 約2年間のリハビリが必要となりますが、切れかけていた靱帯（じんたい）を再建すれば、受話器を持ち上げるスピードの改善が見込まれます。

「おかけになった電話番号は、紀元前2世紀から使われておりません」

"The number you have reached has not been in service since the 2nd Century BC."

 近頃はメッセージアプリの流行により電話で話す頻度が減り、留守録の応答メッセージなんて数年聞いていない、なんて人も多いでしょう。かつては毎日のように聞かれ、携帯料金が未払いの場合「お客さまの都合によりつながりません」とわざわざ別のアナウンスが流れ、恥をかかせられたものでした。

「ごめんなさい。今、揚げものをしていて手が離せないので、担当者に電話をおつなぎできません」

"I'm cooking with hot oil right now, so I can't put you through to the person in charge."

 揚げ油は危険ですからね。

「偽ダイヤモンド社の佐藤です。今日は前科だけでも覚えて帰ってください」

"I'm Sato from Fake-Diamond Incorporated. At the very least, please make sure to remember my criminal record before you head home."

　　自己紹介における「掴み」はその後の営業やプレゼンの行方を左右する重要な要素です。ここでコケると挽回に大変な労力を要するため、あえて危険を冒さずに無難に済ませてしまう方も多いと思います。しかし「最大のリスクはリスクを取らないこと」とマーク・パンサーも……失礼。マーク・ザッカーバーグ氏も言っています。斬新な自己紹介が、未知のクライアントの発見につながるのです。

✦✦ 相手の警戒心を高める初対面のあいさつ ✦✦

「すみません、まだ肩ができていないので、名刺交換できません」

"Sorry, my arm isn't warmed up yet, so I can't exchange business cards."

 準備不足は思わぬ怪我につながります。まずはゆるく名刺を出し入れして肩周りをほぐし、少しずつ強度を上げて筋肉のすみずみまで血流を送り、関節がスムーズに動くのを確認してから、名刺交換しましょう。

「ごめんなさい、あいにく名刺とやる気を切らしておりまして」

"Unfortunately, I'm out of business cards as well as motivation."

「名刺を切らせてやる気を断つ」。名刺交換の極意としてご活用ください。

「えっと、私は何を売りに来たんでしたっけ？　ど忘れしちゃった！」

"Um, what was I going to sell here? It slipped my mind!"

記憶は「一時記憶」と「長期記憶」に分類でき、それぞれ脳の異なる場所に保管されるそうです。「2階に上がって洗濯物を取り込む」みたいな一時的なものは「海馬」に送られます。年をとって物忘れが増えるのは、加齢で海馬の働きが衰えることが原因とされています。自社の商品くらいは長期記憶に保管してほしいものです。

111

「契約の継続は断られましたが、クライアントに謝罪の仕方をめちゃくちゃほめられました」

"The client denied our contract extension, but they highly praised the way I apologized."

　「失敗するのは人の常だが、失敗を悟りて挽回できる者が偉大なのだ」とはシャーロック・アパマン……失礼。シャーロック・ホームズの言葉ですが、かように人間とは失敗よりも、その後にこそ真価が問われるものです。契約が失敗に終わっても、最終的にクライアントからほめられたのなら胸を張りましょう。パチンコで5万円負けていても、最終的に4万5千円まで取り返せればその日はもう勝ち、みたいな考え方と同じです。

✦✦ 営業の極意が煮詰まったフレーズ ✦✦

「ただの客には興味がありません。上客のみ興味があるのです」

"I'm not interested in ordinary customers. I'm only interested in top clients."

 この中に、購入に前向きな決定権者がいたら、あたしのところに来なさい。以上。

「見込み客以外は、全員海に落としてください」

"Drop everyone into the sea except the potential customers."

 廃棄された様々なゴミが、海の環境を悪化させている海洋汚染問題。プラスチックゴミが有名ですが、買う気のない客も土に返らないため悪化の原因となります。

「これ以上お値引きすると、タメ口になりますがよろしいでしょうか?」

"If I discount it any further, I'll have to switch to casual speak. Is that okay?"

 不況と増税のダブルパンチで疲弊した日本経済。得意先からの値下げ要求は日に日に厳しくなるばかりですが、商取引においては買い手の力が大きい以上、やむなく応じざるを得ないのが実情です。タメ口や陰口、歯磨きをしないで交渉に臨むなど想像力を働かせて一矢報いましょう。

「この商品は、10代〜20代、もしくは30代〜40代、又は50代以上の独身又は既婚男女がターゲットです」

"This product targets single or married men and women in their teens and 20s, 30s and 40s, or 50s and up."

マーケティングにおいて、ターゲット顧客のデータを収集し把握することは重要です。そうすることではじめて「今売れている商品は正しい顧客に届いているのか」がわかるわけです。ターゲットとは的のこと。的が大きければ大きいほど、当たる確率が高くなるのは、確かフェルマーの最終定理的な何かで証明済みです。最終的に銀河系に生息する生物すべてをターゲットにできれば、無敵といえます。

✦✦ 喜ばれない営業のフレーズ ✦✦

「あのとき助けていただいた鶴です。恩返しにいい商品をご紹介しに伺いました」

"I'm the crane you helped on that day. I've come to return the favor by introducing you to a good product."

 恩を仇で返すとはまさにこのこと。

「おめでとうございます。御社が私の1000社目の飛び込み先です。記念にこの製品をサービス価格でお売りします」

"Congratulations. Your company is my 1000th walk-in sale. As a memento, I'll offer this product at a discounted price."

営業トークにおける三大タブーに「野球・政治・宗教」の話題がありますが、営業職との雑談における三大タブーは「ノルマ・テレアポ・飛び込み」です。なかでも「飛び込み」は禁忌中の禁忌。危険回避のため、水泳の話題も避けましょう。

「私はお客さま満足度最下位の、世界に一つだけの花です」

"I am the world's only flower that ranks at the bottom in customer satisfaction surveys."

 かつての競争社会と異なり、現代は多様性の時代。平均的な成績を収めるくらいなら、思い切って最下位を目指すのも一興です。

「プレゼンで負けたので、土産にクライアント本社の土を持って帰ってきました」

"We failed the presentation, so we brought back some soil from the client's headquarters as a souvenir."

甲子園で敗北したチームが持ち帰るものとしておなじみ、甲子園の土。一説では、打撃の神様川上哲治氏が最初にはじめ、それが現在まで続いているとのことです。ちなみに、甲子園に出場できなくても、土はメルカリで購入できます。どうしても球児の敗北感を味わいたいという偏った嗜好の持ち主が買うのでしょうか。

営業の言い訳 3.0

「脳内麻薬が足りないため、アポを取れません」

"I can't make appointments because I'm low on dopamine."

....

「地政学的リスクがあるため、直行します」

"Due to geopolitical risks, I will go straight there."

....

「暦の上ではもうノルマを達成しています」

"According to the calendar, I've already met my quota."

....

「私はかわいい担当なんで、飛び込み営業はできません」

"I'm in charge of cuteness, so I can't do walk-in sales."

....

「その痛みはいつかあなたの財産になるから、契約できません」

"I can't sign a contract because the hardships will become your property someday."

....

「日本には四季があるから、直帰します」

"I'm heading straight home because Japan has four seasons."

....

「上手に盛れなかったので、カメラオフで会議に参加します」

"I couldn't make myself prettier, so I'll attend the meeting with my camera off."

....

「地球の自転が遅れているため、打ち合わせに少々遅れます」

"Because the Earth's rotation is running late, I'll be a bit late to the meeting."

....

「桜の木を折ったのは私です。なので、契約してください」

"I chopped down the cherry tree, so please sign the contract."

....

「花嫁を奪いに行くので、プレゼンをドタキャンします」

"I'm canceling my presentation at the last minute because I'm going to object to the wedding."

「というサービスが思い浮かんだところで、目が覚めました」。私は、プレゼンの最後を夢オチで締めくくった。

"Just as I came up with that service, I woke up from the dream." I wrapped up my presentation with a punchline about it all being a dream.

漫画の神様、手塚治虫先生も嫌ったといわれる「夢オチ」。作者と読者の心が全く交錯しない「禁じ手」として有名です。舞台設定や話の流れを根底から覆す、作者にとってはある意味非常に楽な終わらせ方ですが、物語の世界に引き込まれていた読み手には青天のへきれき以外の何物でもありません。少年漫画で多用すると、子どもが大人を見下すようになりますので、ほどほどにお願いしたいものです。

◆◆ プレゼンスが上がらないプレゼンのフレーズ ◆◆

「部長、それ売上グラフじゃなくて、心電図です」
「おっと」

"Boss, this isn't the sales chart. It's an electrocardiogram."
"Oops!"

 「ランディングページの効果で、7月の売上がこのように増加し……」「部長、そこはただの不整脈です！」

「喜べ。今から君は、伝説の失敗の目撃者となる」

"Rejoice. You're about to be a witness to a legendary failure."

 皆さんはレジェンドと聞いて誰を思い出しますか？　長嶋茂雄、マイケル・ジョーダン、キングカズ、スティーブ・ジョブズ、錦野旦（にしきのあきら）など、各界で顕著な業績を上げ、影響力を持ち、多くの人々に尊敬される人物は様々です。ちなみに、発明王でおなじみのエジソンは「失敗の天才」とよばれていました。無論、例文とは無関係です。

「オーディエンスと一体化できず、申し訳ありませんでした」

"I'm sorry for not being able to become one with the audience."

 プレゼンといえども、ライブパフォーマンスであることに変わりはありません。次回はもっとグルーブ感を醸し出して、クライエンスを魅了しましょう。

「本当にすみません！　でも、謝って 済む問題でよかったです」

"I'm really sorry! But I'm glad it was a problem that could be resolved simply by saying sorry."

世の中には謝って済む問題と済まない問題とがありますが、後者は無期懲役以上の罪に限るため、実はほとんどすべての問題が謝って済みます。本書を読んでいるようなちょっとアレな皆さんの中には、今現在も何かしらの問題を抱えている方も多いと思います。でも大丈夫。謝ればすべて解決します。筆者は謝罪のプロを自認していますが、本書をお買い上げいただいたすべての方にいつでも謝る準備はできています。

◆◆ 悲壮感を漂わせない謝罪フレーズ ◆◆

「すみません、でも、親しき仲にも失敗ありですからね」

"I'm sorry, but even among close friends, mistakes happen."

✏️ わりと知られておりませんが、親しき仲には礼儀以外にも、じつにたくさんのものがあります。失敗はもちろん、承認欲求、認知的不協和、情緒不安定、接見禁止命令、現行犯逮捕など多岐にわたり、近年も増加傾向にあります。親しき仲の維持のためにも情報の更新に努めましょう。

「失敗の発表は、おわびの品の発送をもって代えさせていただきます」

"We will inform you of our failure by sending an apology gift."

✏️ 当選者の発表を商品の発送に代えるシステムは懸賞などでよく見られますが、海のように深い猜疑心をお持ちの皆さんであれば、本当に発送されているのか、一度は疑ったことがあるはず。発送後に受け取った方の発表をもって代えさせていただくのはいかがでしょうか。

「安心して。お楽しみはこれからです」

"Don't worry. The best is yet to come."

✏️ 映画『ジャズ・シンガー』の有名なセリフですが、元ネタをご存じなかったという方も多いのではないでしょうか。それもそのはず、1927年というほぼ100年前の映画だからです。まだご覧になっていない方は、これからぜひお楽しみください。

「その商品、売れる前から推してましたけどね」。営業社員の古参アピールがうざい。

"I was stanning the product even before it became mainstream." The sales employee's veteran appeal is really annoying.

古参アピールとは、読んで字の如く自分は古参だとアピールすることを指し、「古参アピ」などとも略され、ざっくばらんにいうと嫌われる行為です。古くは、織田家の古参、柴田勝家による新参者秀吉との争いから、某アイドルの古参……失礼。何でもありません。とにかく昔から枚挙にいとまがないのです。古参アピールがすぎると、新規ファンからひんしゅくを買い、賤ヶ岳で討ち取られたりもするのでご注意を。

✦✦ 開き直りの申し開きフレーズ ✦✦

「明日の健康診断の数値が悪くなるから、9時以降の売上チェックは控えます」

"I'll refrain from checking sales after 9 p.m., as it might negatively affect my medical check-up tomorrow."

 売上チェックによる心理的ストレスは、血圧、肝機能、血糖値、血中脂質、尿、心電図、毛根数などに影響をおよぼします。

「下ネタはこれくらいにして、本題に入りましょう。実は、今月1円も売れていません」

"Dirty jokes aside, let's get started. In fact, we haven't sold anything at all this month."

 ひとしきり盛り上がったみたいです。

「弊社では、謝罪に精通した人物を常に求めています」

"We are looking for individuals who are familiar with the apology procedure."

個人が情報を拡散できるSNS全盛時代の中で、企業は常にクレーム処理や謝罪対応の危険性に脅かされています。どのような大企業であっても、対応を誤れば命取りとなるため、ぜひ本書で効果的かつユーモラスな対応を学んでいただけますと幸いです（個人の感想です）。

Part

6

✎ 開発遅延の言い訳

モノづくり日本の
伝統を軽視した
企画・開発術

「ソフトの問題？ それともハード？」
「いいえ、リーダーが恋をしたため、プロジェクトが予定より遅れています」

"Is it a software or a hardware issue?"
"No, the project is behind schedule due to the leader falling in love."

プロジェクトリーダーとは、プロジェクトを遂行する際の現場責任者のこと。マネージャーがクライアントなどの社外関係全般に責任をもつ一方、リーダーは現場に関わるすべての業務を管理します。もしもそんなプロジェクトリーダーが恋に落ちたら。恋の行方とプロジェクトは一蓮托生となり、ラブストーリーの一進一退が現場の進行に影響を与えること請け合いです。

✦✦ 方向感覚を失ったプロジェクト推進 ✦✦

「後は若い2人に」そう言い残し、プロジェクトリーダーはアシスタント2人を残してその場から逃げ出した。

"I'll leave you two to enjoy some alone time." After saying that the product manager left the scene, leaving behind the two assistants.

✎ 昨今は仲介といえば専らマッチングアプリや婚活業者という方々がほとんど。仲人がいるお見合いはすっかり姿を消しつつありますが、「後は若い2人に」は、面倒なクライアントやしんどい現場における責任者の逃げ口上として脈々と受け継がれています。

「私は四天王の中でも最弱のプロジェクトマネージャーです」

"I'm the weakest of the Four Heavenly Kings of product managers."

✎ 皆さんは「東京四天王」とか「暗黒四天王」「クロマティ四天王」のようなバカっぽいものではなく、本当の四天王をご存じでしょうか？　仏教の守護神である持国天、広目天、増長天、多聞天を指し、それぞれ東西南北を守ってくれています。無論、最弱とかもいません。

「俺はプロジェクトチームの秘密兵器だから」。私は、秘密のまま定年退職を迎えた。

"I'm the secret weapon of the project team," I said.
Yet, I retired without ever revealing that secret.

✎ 「北の最終兵器」といえばイゴール・ボブチャンチンですが、私たちはなぜか「最終兵器」とよばれる代物が大好きです。アニメや漫画による情操教育のたまものといえますが、なかなか登場しない切り札の割にたいした結果を残さないケースがほとんど。もはや残念な異名です。

「パクリなんてとんでもない。顕微鏡で見ればわかる通り分子レベルでは全く別の企画書です」

"It's absolutely not a rip-off. As you can see under a microscope, it's a completely different proposal at the molecular level."

すべての生物は、体内にそれぞれを形づくる「設計図」のようなものを持っています。それが遺伝子です。人間と鳥では設計図が異なるように、どんなに似ていても、おすぎとピーコは別人であり、カカオトークとLINE、ニコニコ動画とビリビリ動画は別サービスです。安易にパクりと言わず、ラーメン二郎に倣って、インスパイア系なんてよぶのはいかがでしょう。

✦✦ 企画未開発のフレーズ ✦✦

「これは、私の死後に評価されるタイプの企画です」

"This is the type of project that will be appreciated after my death."

✏ 死後に評価された人物で最も有名なのは画家のゴッホでしょう。逆に生前、天才の名をほしいままにしたピカソの評判が最近は芳しくありません。作品ではなく、主に女性関係が原因ですが、没後50年でも盛者必衰のことわりをあらわすとは、人生わからないものです。

「この平凡な企画に命を吹き込むのは、皆さんの役目です！」

"It's your responsibility to breathe new life into this boring project!"

 言われた方の魂は抜けていくでしょう。

その企画は秘密裏に進められ、日の目を見ることなく終わった。

The project was carried out in secret and never saw the light of day.

✏ 私たちはなぜか秘密裏にことを進めたり、それを暴露したりするのが大好きです。写真週刊誌による情操教育のたまものといえますが、「秘すれば花」とされた日本人らしい奥ゆかしさは遠くなりにけりです。

「『今回の企画は見送った方がいいよ。次の企画まで待った方がいい』。ウチの猫が初めて言葉を発したんです」

"'I think we should hold off on this project. It would be wise to wait until the next one,' my cat said as his first words."

動物好きの方であれば、一度くらいは動物との会話を夢見た経験があると思います。数年前に、犬語や猫語を翻訳できる謎の製品が話題となりましたが、その後も同様のスマホアプリが続々と登場するなど、英語翻訳に負けず劣らず動物語翻訳業界も活況を呈しているようです。英語をマスターするなら英語圏で生活するのが最短であることを考えると、犬語圏や猫語圏に居を構える方が近道かもしれません。

✦✦ 企画の盛大なお見送り ✦✦

お盆になると、我が社ではボツ案の魂を弔って灯籠を川に流します。

During the Bon festival, at our company, we honor the souls of rejected ideas by floating lanterns down rivers.

 灯籠や白線、桃をはじめ、「水に流す」や「カッパの川流れ」という言葉が生まれるなど、我々日本人はなぜか水に何かを流すことが大好きな民族です。桃やカッパは好きで流されているわけではありませんが、すべてのけがれや邪悪を川などで流し清めてしまう日本文化にあやかって、あらゆる失敗を水に流しましょう。

この溶鉱炉は、お子さまからお年寄りまで使えるシンプルな操作性が特長です。

This blast furnace is characterized by the simple operation in that it can be used by children and the elderly.

 ご家庭でも安心して、鉄を取り出すことが可能です。

この企画は発案者ガチャに失敗したため、企画倒れとなった。

This project fell through because it lost in the originator lottery.

 「○○ガチャ」の語源となったガチャガチャ。お金を入れてハンドルを回すとカプセルに入った玩具が出てくるという地球の重力に依存しただけの牧歌的なイメージはなく、ただ「選べない」という不平等感だけが際立つ現代社会を象徴したネットスラングになりました。

「ちゃんと仕様書に書きましたよ。縦読みしなかったんですか?」

"I did write it in the specifications. Didn't you read it acrostically?"

「仕様書」とは、製品やサービスなどが満たすべき条件や内容を明示し、まとめた書類のことです。制作するものや内容によって様式は千差万別ですが、何を作るかを明確にすることで、関係者間の齟齬がなくなります。上はスカイツリーから、下は花田優一の靴まで、あらゆるものに仕様書は存在し、うっかり読み間違えようものなら、ピサの斜塔のように傾いたり、いつまでたっても靴が届かなかったり、なんてことも。

✦✦ 現場を混乱させない仕様変更 ✦✦

「要件定義とは、破られるためにある」

"Requirement definitions are made to be broken."

✎ ルールと同様、要件定義とは破られるために存在します。サッカーの最中にボールを手で抱えてゴールに突進したことでラグビーが生まれたように、人類の歴史はルールを変更することで発展してきました。

「この仕様書を作った人間の脳の仕様書を見てみたい」

"I'd like to see the specs for the brain of the person who wrote this specification."

✎ 神は世界を6日間で創ったそうですが、人間の制作には1日程度しか充てられていません。仕様書に抜けがあったとしても大目に見てあげましょう。

「仕様の変更は、用法・容量を守って正しくお願いいたします」

"Please change the specifications correctly, following the recommended use and dosage."

✎ 仕様の変更はまるでラブストーリーのように突然やってきて、現場に混乱と残業をもたらし、せっかく入った新入社員も退職代行を使って音もなく辞めていきます。薬と同様、仕様変更のオーバードーズにご注意ください。

133

「予算が予想よりも削減されたため、シートベルトは実装できませんでした」

"Due to more budget cuts than anticipated, we couldn't implement seat belts."

目下、失われた30年を爆進中の我が国。長引く低成長で最も失われたのは「予算」でしょう。国立科学博物館からお父さんのお小遣いまで、お金がない事例は枚挙にいとまがありません。円安やインフレが追い打ちをかけ、予算は減っても価格は上がり、庶民の生活は苦しくなるばかりです。お～いお茶の俳句や、サラ川がすべてお金のネタになってしまう前に、得られる30年をスタートさせてほしいものです。

✦✦ 残念な設計開発のフレーズ ✦✦

「この新しいアダルトグッズの開発には、地域住民の意見も取り入れられました」

"The development of this sex toy also incorporated feedback from local residents."

> ✏️ 生産者の顔が見え、消費者との距離が近い地産地消は、安心・安全の代名詞。地元で生産された新鮮な大人のおもちゃで、よりよい性生活を。

「設計ミスではなく、ピサの斜塔にインスパイアされたので少々傾いてます」

"This building isn't a design flaw; we were inspired by the Leaning Tower of Pisa, so it leans a bit."

> ✏️ ピサの斜塔は、傾くように計画して建てられたのではなく、地盤沈下でやむなくそうなってしまっています。ガリレオが行なったとされる実験で有名な観光地ですが、そうでなければ傾いている建物は単に不便なだけです。

「サグラダ・ファミリアを参考に開発スケジュールを決めたので、納品は約100年後となります」

"Inspired by the Sagrada Familia, we've set our development schedule, so we'll complete this product in approximately 100 years."

> ✏️ アントニ・ガウディが設計した未完の教会ですが、140年以上の工期を経て2026年の完成が見込まれています。例文は何を納品するのか不明ですが、納品時の発注者の生存は絶望的でしょう。

「勘違いしないでよね！　べ、べつにあんたのために開発したわけじゃないんだから！」

"Don't get me wrong! It's not like I developed this specifically for you."

ゼロ年代にゲームや漫画のオタク界隈で使われていた「ツンデレ」も、今や完全に一般化され、いつセンター試験に登場してもおかしくない様相を呈しています。社会への浸透とともにさまざまな派生語が生まれ、ヤンデレ（病むとデレデレ）、クーデレ（クールとデレデレ）、デレデレ（デレデレとデレデレ）と展開し、すべての人格を網羅するのも時間の問題です。

納期の言い訳 10選

「最近、若者の納期離れが問題になっておりまして」
"Recently, the lack of interest in the deadline among young people has become an issue."

「情状酌量の余地があるので、納品が遅れます」
"I have room for extenuating circumstances, so the due date might be delayed."

「これは最終的かつ不可逆的な納期です」
"This is the final and irreversible deadline."

「弊社は現在、納期を異次元緩和中です」
"Our company is currently implementing quantitative easing for deadlines."

「失恋という名のエラーが発生しております」
"An error known as a broken heart has occurred."

「三半規管が弱いので、納期に間に合いません」
"I have a weak vestibular system, so I won't make the deadline."

「信長や秀吉の素早さではなく、家康の我慢強さで待ってくれますか?」
"Could you wait with the patience of Tokugawa Ieyasu, rather than the rapidity of Nobunaga or Hideyoshi?"

「弊社では、ダイナミックスケジューリングを導入しています」
"Our company has introduced dynamic procrastinating."

「人間工学に基づいた納期ではないので、完成が遅れます」
"The completion is delayed because the deadline is not based on ergonomics."

「弊社の納期の半分は、優しさでできています」
"Half of my deadline is made of kindness."

「安心してください。これくらいのバグなら自然治癒力で治ります」

"Don't worry. A bug like this will heal itself naturally."

すべての動物に備わる自然治癒力。中でも最も強力な力をもつのが、ノメック星人……。失礼、ウーパールーパーです。日本では焼きそばのCMに起用され一躍、人気者に。愛らしい見た目とは裏腹に、ノムさんもびっくりの驚異的な再生能力を持っています。手足以外に、心臓を含む各種臓器、脊髄や脳、目の水晶体まで再生することから、再生医療の研究対象になり、毛髪に不安をもつ中年男性からも熱い注目を浴びているとか。

✦✦ 自分に甘いエンジニアのフレーズ ✦✦

「このプログラムがなぜ動いているのか、書いた私自身でさえもわかりません」

"Even though I'm the one who wrote this program, I have no idea why it's running."

✎ アスリートが極限まで集中力を高めると体感できるという「ゾーン」体験。身体感覚が研ぎ澄まされ、無意識に身体が動くそうです。プログラマーは、疲労がピークに達すると別のゾーンにダイブし、「書いた本人もなぜ動くのかわからない」知の深淵のような状況に陥ります。

「すみません、上司の暴走を止める最適なアルゴリズムを開発できませんでした」

"I apologize, I couldn't develop the optimal algorithm to curb my boss's reckless behavior."

✎ アルゴリズムとは、プログラムで問題を解決するための手順を表す言葉で、ざっくばらんにいうと、「物事を行うときの方法」です。上司の暴走を止めるために、「硬いもので殴るのか」はたまた「熱湯をかけるのか」みたいな物騒なアイデアもアルゴリズムの一種です。

私はソースコードの最後に、「この先は、君の力で確かめてくれ」と付け加えた。

At the end of the source code, I added a sentence saying, "It's now up to you to check what lies ahead."

✎ オレオレ詐欺や保険金詐欺から、コンビニの底上げ弁当まで、残念ながら世の中には弱者を食い物にする詐欺的行為があふれています。例文の「この先〜」はゲームの攻略本で時々見られる文章で、「攻略」を信じた純粋な少年たちに社会の厳しさを教えるのに一役買っています。

「腹隆」（ふくりゅう）　池の中に潜んで天に昇るのを待っている間に、運動不足でお腹が出てしまった龍のこと。

Part 6　開発遅延の言い訳

139

「今週、休日出勤できますか?」
「技術的には可能です」

"Can you work on your day off this week?"
"It would be technically possible."

　「イヤよイヤよも好きのうち」のように、恋する乙女の心理を理解する
のは一筋縄ではいかないものですが、同様に働くエンジニアの心理
もなかなか複雑。「技術的に可能」とは、本当は「できない」と言いたいが、何
らかの理由で言えないときに使われる表現です。言葉通りにスケジュールを
入れようものなら、キーボードの角でこめかみを殴られますので、細心の注意
を払って行間を読むことに努めましょう。

✦✦ 自分に厳しいエンジニアのフレーズ ✦✦

「へんじがない。ただのてつやあけのようだ」

"There is no reply. It seems he just stayed up all night."

 眠らない街、歌舞伎町。眠らない人、ITエンジニア。語呂が悪いことこの上ないですが、働き方改革やらプレミアムフライデーやら、景気のいい単語がどれだけ飛び交おうとも、底辺……失礼、一部のITエンジニアには全く無関係です。

「毎日風呂に入っているようじゃ、エンジニアとしてはまだまだだな」

"If you're showering every day, you still have a long way to go as an engineer."

 未熟者でもかまわないので、風呂には毎日入りたいです。

「徹夜続きで暗黒面に落ちたため、いったん家に帰ります」

"I've gone over to the dark side after pulling several all-nighters, so I'm going home now."

 集中力の低下や、心身の不調、太りやすくはげやすくなるなど、徹夜にはデメリットが目白押しです。特に暗黒面に落ちると宇宙の支配をもくろむことにもなりかねませんので、定期的な休息を心がけましょう。

「この便座カバーは私が作りました」利用者を安心させるため、製作者の顔写真をすべての商品に入れています。

"I made this toilet seat cover." To reassure our users, we have included a photo of the creator on every product.

複雑な流通網が形成された現代社会において、生産者と消費者が直接つながるケースはほとんどありません。私たちは普段から、誰が作ったのかわからない食材を口にしたり、どこで作られたのかわからないフックを鼻にかけたりしています。そのような中、消費者の安心感を高めるために、農産物などでは生産者の顔写真を掲出しているようです。ときには見せないほうがいいのでは？　ということもあるようですが、おおむね好評のようです。

◆◆ 悲喜こもごものリリース**①** ◆◆

おじさん構文を使った新商品のプレスリリースは全く話題にならなかった。

The press release for the new product written in 'older man syntax' didn't garner any attention.

✏️ のりピー語からギャル語まで、時代を先取りするのは若者言葉と相場が決まっているわけですが、逆に時代を後取りしているのがおじさん構文です。SNSといった現代を象徴するテクノロジーで使用されるため、その古くささが浮き彫りになってしまうようです。

「リリース前の企画部員は非常にもろいため、取り扱いにはくれぐれもご注意ください」

"The planning staff are very fragile before the release, so please be careful when handling them."

✏️ 日本三大触らぬ神の1人に、「リリース前の企画部員」がいます。相次ぐ長時間労働と休日出勤により、彼らの神経はささくれ立つこと剣山の如し。気が緩んでうっかり放屁でもしようものなら「パワーポイント!」と叫びながら硬いもので殴られますのでご注意を。

「心頭を滅却すれば、SNSの炎上もまた涼し」

"A cool mind can temper the hottest of flamings on social media."

✏️ 昨今、世の中に何かと話題を提供しているSNSの炎上案件。ヤフー!ニュースの常連で、下世話な話題の第一人者である写真週刊誌の地位を今では脅かす存在に。一度燃えれば芸能人だろうと政治家だろうと燃やし尽くしますが、案件が多すぎるため、心頭を滅却していれば自然鎮火するケースも多いです。

「ひと目見たかった、このアプリが正常に動く姿を」。そのエンジニアはリリースの前日に姿を消した。

"I would've wanted to see it with my own eyes, the sight of this program running properly." The engineer disappeared the day before the release.

皆さんの周りにも、ある日突然連絡が取れなくなったり、SNSから消えたりといった忍者の末裔（まつえい）のようなご友人がいらっしゃると思います。「バックレ症候群」……。失礼、「人間関係リセット症候群」といわれ、職場にも突然来なくなるとか、LINEで退職の意思を伝えるといった、責任感をお母さんのお腹に忘れてきてしまったようなタイプの退職が増えているそうです。日本の労働現場におけるダイナミックな変化を肌で感じます。

✦✦ 悲喜こもごものリリース② ✦✦

「弊社の商品は欠陥が非常に多いため、リリースした商品をすぐに回収する、リリースアンドキャッチが特長です」

"Due to the high number of defects in our products, we feature a release-and-catch system, whereby we immediately recall the released products."

 「リデュース（Reduce）＝減らす」「リユース（Reuse）＝繰り返し使う」「リサイクル（Recycle）＝再資源化」に続く、4つ目のR（Release）の誕生ですね。

謝罪の気持ちを表現するため、「おわびと訂正」を弾幕で表現した。

"To express my apologies, I've conveyed an 'apology and correction' through the barrage of comments."

 某大手中古車チェーンでは、恫喝する弾幕が……。いえ、なんでもありません。

私は説明書の最後に、「知らんけど」を付け加えた。

At the end of the instruction manual, I added a sentence saying, "I'm not sure though."

 「知らんけど」は関西人が自分の意見に自信や確証がもてない際に、会話の結びに使用する便利ワードです。さまざまなシチュエーションで使えますので、クロスプレーのジャッジや、判決の言い渡しといった緊迫した場面でもご活用いただけます。

✎ アフター5の言い訳

退かない、媚びない、
省みない、
定時の帰り方

その新入社員の定時後の動きは速すぎて肉眼では捉えることができない。

As soon as the work day ends, the new employee moves too fast for the naked eye to catch.

人間が肉眼で認識できる速度の限界は、物体の大きさ、色、背景、角度、距離など、多くの要素が影響するため一概にはいえませんが、マッハ（1224km/h）を軽く超えるのは間違いありません。この速度なら1時間で東京から九州の熊本まで行けるため、国内どこからでも通勤が可能となります。なお、彼がどこでそれほどのスピードを手に入れたのかは不明ですが、Z世代というよりはZ戦士的な何かです。

✦✦ 絶対定時に帰る日のフレーズ ✦✦

「あなたがこの手紙を読んでいるということは、私はもう職場にはいないでしょう」

"By the time you read this letter, I will no longer be at work."

 この世にはまだいるようなので、翌日説教しましょう。

「本日の私のラストオーダーは終了しました」

"Last orders to me today have already ended."

 30分前にラストオーダーの確認で各机を回った者だけが言えるセリフです。

「定時とともにあらんことを」

"May the 'leaving the office on time' be with you."

✏ 元ネタは「定時」ではなく、「フォース」です。フォースとは、『スター・ウォーズ』に登場する架空のエネルギーで、さまざまな使用方法がありますが、ざっくばらんに言うと『ドラゴンボール』における「気」、『HUNTER×HUNTER』における「念」、『シティーハンター』における「100t」のようなものです。

「控えめに言っても推しが最高なので、残業できません」

"To say the least, my fave is the best, so I can't work overtime."

推し活動家にとって、最も尊いのは推し。人生のすべてが推しを中心に回っているため、推しが最高である限り残業がはかどることはありません。頼んだところで塩対応されるだけですので、残業が発生しない働き方改革を推し進めましょう。かつての労働組合員のように現在は推し活動家によって労働環境が改善され、代わりに春闘を戦う日も近そうです。

✦✦ 断固として残業を断るフレーズ ✦✦

「サービス残業をすることでこれまでの関係が変わってしまうことが怖いので、帰ります」

"I'm afraid that working overtime unpaid might change what we have. So I'll go home."

✏️ 一般的に人間は変化を恐れる動物ですが、これは「恒常性維持」の本能によるものといわれています。せっかく定時帰りが板についてきたところに水を差されたらおもしろくありません。ここは本能に従い心を鬼にして残業を断りましょう。

「無課金で残業? ムシがよすぎません?」

"You want me to work overtime free of charge? That's way too selfish, isn't it?"

✏️ 「サービス残業」は給料が発生しないのに、「サービス料」は料金をきっちり払わされる。日本語の難解さと欺瞞を感じる瞬間ですが、そんな曖昧な言葉ではなく、企業には今ときかつ直接的な意味合いを持つ「課金」システムの導入をおすすめします。

「値引きシールが貼られる頃なので、帰ります」

"It's about time the products get discount stickers put on them, so I'm leaving now."

 「この時間ならまだ30%オフだから、半額シールになるまで残業してくれない?」

「健康で文化的な最低限度の生活を送りたいので、定時で帰ります」

"I want to maintain the minimum standards of wholesome and cultured living, so I'll be leaving the office on time."

　　会社員の幸せの分岐点、「定時」。定時を境にして、会社員には悲喜こもごものドラマが生まれます。言葉通り受け止めるなら、所定労働時間をきっちり働いた以上、誰にとがめられることもなく退社できるはずです。しかし、銀河系イチ空気を読む日本人にとって、周囲の視線や上司の圧に耐えられず、うっかり同僚の手伝いを引き受けたり、余計な外線を取ってしまったりすることで残業となり、帰宅後にひっそりと枕を濡らすのです。

✦✦ 軽やかに飲み会を断るフレーズ ✦✦

「すみません、今日は残尿があるので、飲み会はパスします」

"Sorry, I have some residual urine today, so I'll pass on the drinking party."

 「そんなこと言わずに、ビールの利尿作用を利用しようぜ!」

「いいメロディが頭に浮かんだので帰ります」

"I've come up with a good melody, so I'm going to go home now."

 「本当にいいメロディなら、後から思い出せるはずなので、もう少し付き合って」

「行けたら、後から行きます」

"I'll go later, if I can."

「気遣い」「オブラート」「優柔不断」「空気」「匂わせ」など、日本人の四季折々の曖昧さが詰まったおなじみの返事です。表現は曖昧であるものの、意味としては「絶対行かない」とニアリーイコールという不可解さに外国人もびっくり。

「今日は無礼講という名の接待です。酒の力を借りて、大いに盛り上がっている雰囲気を醸し出しましょう！　乾杯！」

"On paper, today's gathering is casual, but we all know it's basically a client dinner. Let's create an atmosphere of excitement with the help of alcohol! Cheers!"

無礼講とはご存じの通り、一時的に地位や身分の上下を取り払って楽しむという趣旨で始まるものの、全く取り払われずにあまり楽しめない宴会のことを指します。なんと鎌倉時代からあり、700年以上、身分が「下」の人間を苦しませています。本当に実行するならば例文のようにアルコールの力を借りましょう。適当にアルコールを飲ませて4次会くらいまで連れまわせば、入社2日目の新入社員でも勝手に無礼講となります。

✦✦ 飲み会中の非定番フレーズ ✦✦

「俺のカクテルで表面張力の実験するなよ」

"Please don't use my cocktail for surface tension experiments."

✎ グラスの縁ギリギリまで注ぐ技術は、バーテンダーの腕の見せどころの一つでもあるようですが、酔っ払った同僚の悪ふざけのしどころとしても普及しています。

「嫌いだってことを再確認するために俺のレバー食べるなよ」

"Don't eat my liver just to reaffirm that you hate it."

✎ レバーはもちろん、パクチーやセロリ、ホヤやゴーヤなど、癖の強い食べ物は好き嫌いがはっきりわかります。例文のような行為は飲み会で散見されますが、串で目を突かれる可能性もあるのでほどほどに。

飲み会中、彼は上司の前で人類ができ得る、最も低い姿勢を保ち続けた。

During the drinking party, he kept the lowest posture humanly possible in front of his boss.

 たぶん五体投地ですが、その上司はラマなんでしょうか。

「こないだ食べたぶぶ漬けの写真、共有するね」。直後に、オンライン飲み会はお開きとなった。

"I'll share the picture of the bubuzuke I ate the other day," he said, after which the online drinking party immediately came to an end.

コロナ禍で生まれたニューノーマルの一つ、オンライン飲み会。場所の手配が必要なく、費用も抑えられて手軽であることから人気を集めました。しかし、基本的に自宅で参加するため、店の閉店時間や終電という概念がなく、盛り上がっている最中に水を差すのが苦手な一部の引っ込み思案の人たちから終わり方の難しさを指摘されています。そんなときは、キングオブイケズの京都人の知恵を借りるのもよいでしょう。

◆◆ 旬を過ぎたオンライン飲み会 ◆◆

「このオンライン飲み会は、21時以降は一部地域の方を除いて配信されます」

"This online drinking party will be streamed after 21:00, except in certain regions."

✎ 「一部地域を除く」とは、例えば、宮崎では民放局が少ないため、テレビ宮崎でフジテレビ・日本テレビ・テレビ朝日が相乗りで流れ、日本テレビの番組を放送するためにフジテレビの番組を途中で終了する、みたいなことが発生する現象のことです。クロスネットという仕組みですが、詳細は宮崎県人に聞いてください。

「オンライン飲み会終了の時間ですが、このまま配信を延長してお送りします」

"It's time to end the online drinking party, but we will extend the broadcast and continue as is."

✎ 野球中継でおなじみのこのセリフも今は昔。国際大会や日本シリーズ以外では、地上波のゴールデンタイムでプロ野球が放送されることはほとんどありません。「延長のせいで録画していた後続のドラマが半分しか録れていなかった」なんてあるあるも、今やないないです。

「この飲み会はサービス向上のため、録画させていただきます」

"This online drinking party will be recorded for quality assurance purposes."

✎ コールセンターなどでは「電話応対の品質向上」のために録音を実施しているケースがありますが、オンライン飲み会での録画は参加者のモチベーションを著しく低下させるため、百害あって一利なしです。

「今夜はありがとうございました。とても楽しかったです。次回は弁護士を交えて法廷で会いましょう」

"Thank you for tonight. It was a lot of fun. Let's meet in court with our lawyers next time."

人類がアルコールを手に入れてからこれまで、地球上で発生した酒による失敗の数は天文学的数字にのぼります。吐く、酔いつぶれるなどの体調不良ならまだしも、酒の勢いを借りた奇行や暴言は後々まで禍根を残し、我々の会社員生活を肩身の狭いものとしてしまいます。「失敗は成長のもと」といいますが、一線を越えた失敗の先には成長ではなく訴訟が待っていますので、節度ある飲酒を心がけましょう。

✦✦ お開きになる申し開きフレーズ ✦✦

部長の「全集中アルコールの呼吸」で、新入社員が食べたものをすべて戻した。

Due to the manager's "Total Concentration Alcohol Breathing", the new employee threw up everything he ate.

 鬼舞辻無惨も吐くかもしれません。

「先ほどはご無礼して申し訳ございませんでした。おわびにインスタ映えするゲロを吐きました」

"I'm sorry for my rudeness. As a show of my apology, I threw up some photogenic vomit for Instagram."

 加工はモザイクの一択です。

「飲みすぎてステータスが状態異常に変わったため、そろそろ帰ります」

"I've drunk too much, and my status has changed to critical condition, so I've got to get going."

 「この中に、お医者さんか、状態異常解除の魔法を使える僧侶はいませんか!?」

「すみません、太陽ががんばりすぎて全裸になってしまいました」

"Sorry, the sun persuaded me too well, and I ended up completely naked."

🖊 　「北風と太陽」は、旅人の服をどちらが脱がせられるか対決をする、という変態丸出しの勝負を描いたイソップ寓話の意欲作です。最終的に太陽が勝ち、教訓は「人を動かすには強制するのではなく、動きたくなるように誘導することが大事」ということのようですが、出発点の「なぜ脱がすのか」の理由が不明すぎてさっぱり入ってきません。

同僚との距離を広げるフレーズ集

「それは奇跡でもなんでもないよ」

"That's neither a miracle nor anything else."

「もうそのコンビニのスイーツの完成度はわかったから」

"I already know how good the desserts at that convenience store are."

「なんでも自然体って言っておけばいいわけじゃないから」

"You can't just say 'be yourself' and think that solves everything."

「地元でドラマ撮影があった話、5回は聞いたよ」

"I've heard the story about that movie being filmed in your hometown like five times already."

「ドラマ派でも原作派でもどっちでもいいよ」

"It doesn't matter to me whether you prefer the film adaptation or the original work."

「分譲か賃貸か以外に本気になれるテーマないの?」

"Don't you have any other topics you're passionate about, besides renting versus owning a home?"

「逆に聞くけど、ポテサラがまずい居酒屋ってあるの?」

"Then let me ask you, have you ever been to a Japanese pub where the potato salad is bad?"

「いま白昼夢がいいとこだから、邪魔しないで」

"Don't disturb me right now. It's getting to the good part in my daydreams."

「不可抗力の使い方、間違ってるよ」

"You're using the term 'force majeure' incorrectly."

「もうサウナでととのった話はうんざりだよ」

"I'm fed up with hearing about how you felt revitalized in the sauna."

「残念ながら、社歴15年以上はこの合コンの参加資格はありません」

"Unfortunately, those with more than 15 years of tenure at the company are not eligible to participate in this singles party."

一般的に20代の若者を中心に行われるイメージの強い合コンですが、「参加可能年齢」に厳密なルールはもちろんありません。とあるアンケートによると、男女を合わせた集計では35.4歳が参加資格ラインだそう。無論、ゴール設定は不明ですが、いつまでも参加し続け、キングカズや辰吉丈一郎みたいなレジェンドを目指すのも一興かと思います。

✦✦ 酔いと周囲をさめさせるフレーズ ✦✦

「安心してください。弁護士の指導のもと、一気飲みしています」

"Please rest assured. I'm chugging a bottle of beer under my lawyer's supervision."

 厳密に法律を順守して酔いつぶれても、介抱させられるのは周りの人間です。せめて医師に指導を仰ぎましょう。

「エゴサーチをしたら、SNSで妻が私の悪口を投稿していたので、帰ります」

"I found my wife posting negative comments about me on social media while vanity searching, so I'm going home now."

 うっかりリポストやいいねを押してしまわぬようにご注意ください。

「持続可能な家庭を目指しているので、この辺で帰ります」

"I'm aiming for a sustainable family, so I'm going home now."

 SDGsとは「Sustainable Development Goals（持続可能な開発目標）」の略称です。17目標と169のターゲット、うさんくさいバッジなどでおなじみですが、名称以外に詳しく知っている民間人は皆無ですので、地球環境を人質に、さまざまな言い訳で応用可能です。

「翌日、その新入社員は思い出した。アルコールに支配されていた恐怖を」

"The next day, the new employee remembered one thing: the frightfulness of being controlled by alcohol."

幕末の志士で明治時代の政治家の黒田有……失礼。黒田清隆をご存じでしょうか。彼は酒乱として有名で、酔っぱらって砲撃したり、それを民家に命中させたり、泥酔して帰宅して妻を切り殺したりという、物騒なうっかり伝説を持っています。彼はその後、伊藤博文に続く第2代内閣総理大臣に就任するという立身出世を成し遂げた訳ですが、伝説が本当だったらアルコールの失敗を世界一挽回した人物です。

✦✦ 酒の力に屈したときのフレーズ ✦✦

「同じ過ちを繰り返さないことを最終的かつ不可逆的に約束します」

"I promise, ultimately and irreversibly, not to repeat the same mistake."

✎ 我が国では「行けたら行く」が「絶対に行かない」という趣旨で用いられる一方、どこかの国では「最終的かつ不可逆的」が、「後で必ず見直す」という趣旨で用いられ……。いえなんでもありません。

「ブロックチェーンのチェーンが外れたため、昨日の飲み会の記憶がありません」

"The blockchain's chain has come off, so I have no memory of last night's drinking party."

✎ ビットコインやイーサリアムといった暗号資産を支えるブロックチェーンテクノロジー。最も大きなウリは、データの改ざんが非常に困難であることです。少量のアルコール程度では欠落など発生しませんので、ブロック塀にでも頭を打ち付けて思い出させてやりましょう。

「迎え酒は、英語で "hair of the dog" だよ」
うちのネコがはじめて言葉を発した。

"In English, 'Mukae-zake' is called 'hair of the dog'." My cat said his first words.

✎ 直訳は「イヌの毛」。ネコのはじめての言葉としては皮肉なものです。

Part 7 アフター5の言い訳

「失われた記憶を取り戻すため、今日はお休みします」

"To recover my lost memories, I'll be taking the day off today."

　　　酒飲みであれば誰しも一度くらいは、酔っぱらって記憶をなくした経験があると思います。多くの場合笑い話で済まされ、何度も経験している方は武勇伝として語ったりもします。しかし、医学的には「ブラックアウト」とよばれる大変危険な状況に陥っており、脳へのダメージも残るそうです。飲酒した次の日は休日になるような習慣を我が国に根付かせるように、この情報をご拡散ください。

✦✦ もっともらしく二日酔いで休むフレーズ ✦✦

「見知らぬ駅でお巡りさんに身柄を拘束されたので、今日は休みます」

"I was taken into custody by a police officer at an unfamiliar station, so I won't be coming in today."

 最近は鉄道会社の直通運転が進み、在来線でもかなり長距離を運んでくれます。うっかり熟睡しようものなら軽く2つくらいの県境をまたいで目覚めるなんてことも。やらかしたと後悔すると同時に、ぐっすり眠ったため妙に気分がよい不思議な感覚に陥ります。

「結果にコミットできないので、今日は休みます」

"I can't 'commit' to the results, so I'm taking the day off today."

 結果にコミットの「コミット」はいわゆる一つの和製英語で、某CMによる造語です。言葉の意味はよくわかりませんが、とにかくすごい自信ということだけは伝わってきます。「へのつっぱりはいらんですよ」のようなものです。

「アルコールと学生気分が抜けないので、今日は休みます」

"I can't shake off the effects of alcohol and my student-like behavior, so I've decided to take a day off today."

 アルコールはわかりますが、学生気分は1日で抜けるものなのでしょうか。

Part

8

✎ 転職・退職の言い訳

年収が1／4になる
無敵の人事評価と
転職術

「衝撃に備えてください」。そう言い、私は解雇を言い渡した。

"Brace for impact," I said, and then I handed a termination notice.

解雇宣告は、される方はもちろん、する側にも相当なプレッシャーがかかるものです。できれば穏便かつなるべく恨まれずに済ませたいところですが、相手の生活や家族、家のローンなどを考えるとなかなかそうもいきません。相手のショックをなるべく緩和する方法として、例えば四つ葉のクローバーを添えてみるのはいかがでしょう？　タオルセットやそうめんなんかも実用的でいいですね。円満退社は工夫次第。レッツ、リストラクチャー！

✦✦ 退職勧告を無効にするフレーズ ✦✦

「本当に私をクビにしてもいいのですか？ 生命線がこんなに長いのに！」

"Are you sure you want to fire me? Even though I have a long life line!"

 法人線が短いのでダメです。

「地球にいなかったので、その解雇は無効です」私は解雇を言い渡される瞬間にジャンプした。

"I wasn't on Earth, so that dismissal is invalid." I jumped the moment they tried to fire me.

 国際法では、各国は自国の領土と同じようにその上空を支配し、領空を侵犯する他国の飛行機などに対して制裁を科すことが認められています。つまり、ジャンプをしたところで地球はおろか日本に存在していなかった証明にすらなりません。

「その辞令なら、おたき上げして供養しましたよ」

"I've already burned that letter of appointment as part of a memorial service."

 悪縁を断ち切って取りついたものをおはらいでき、これでなんのわだかまりもなく左遷されますね。

171

「これはお前たちがはじめた物語だろ?」。そう言い残し、私は職場を去っていった。

"This is a story that you began, is it not?" With those words, I left the office.

恋人や友人といった大切な人との別れはつらく悲しいものですが、新たなスタートを切り、未来へ進むチャンスともいえます。これは職場にとっても同じこと。転職や配置替え、左遷、逮捕など、理由はさておき職場にも別れはつきもの。そしてその去り際にこそ、あなたの真価が問われます。周囲にさわやかな印象を残すために、例えば四つ葉のクローバーを添えてみるのはいかがでしょう?　タオルセットやそうめんなんかも……以下同文。

◆◆ 跡を濁して辞めるフレーズ ◆◆

「辞めるんじゃないんです。異世界転生するんです」

"I'm not resigning. I'm reincarnating into another world."

 「転生」が大ブームです。発端となったライトノベル業界を飛び出し、アニメや漫画はもちろん、ドラマや映画まで異世界転生ものが侵食しています。ブームの背景には、現代社会の行き詰まりが考えられるため手放しで喜べない面もありますが、ここは本書のような無意味な書籍でも読んで別世界をお楽しみください。

「第一部・完」

"Volume 1 (End)."

 「第二部　出戻り」の放送開始は1年後となります。どうぞお楽しみに。

「次回へ続く」

"Continue to the next episode."

 「次回　辞めるのやめた！」ぜったい見てくれよな！

「自動ドアが身体を張って止めてくれたので、会社を辞めるのをやめます」

"Since the automatic door put itself on the line to stop me, I've decided not to quit the company."

終身雇用が崩壊し、我が国の労働市場にも流動化の波が押し寄せています。しかし、いくら世の流れとはいえ、せっかく育てた有能な人材が去るのを黙って見過ごすのは、ビッグモー……失礼。上司の務めをはたしていないように感じるのも事実。例文のようにテクノロジーを利用するのも一計ですが、ときには日大アメフト部ばりの体当たりで止めてみるのもアツさが伝わってよいでしょう。

✦✦ クビを回避したくなるフレーズ ✦✦

「私は辞令を既読スルーし、何事もなかったかのように働いています」

"I left the transfer order on read and have been working as if nothing happened."

 そもそも辞令に返事はしないので、単なる見落とし、またはスルーです。

「地球環境に配慮して、再雇用しませんか?」

"Out of consideration for the environment, would you consider rehiring me?"

 近年、環境問題から、エネルギーや資源の再利用がますます進んでいます。特に我が国では伝統的な「もったいない精神」と結びついて、リサイクル活動が活発です。人間も燃やせば二酸化炭素を発しますので、カーボンリサイクルと称して自分自身の再利用を提案してみてはいかがでしょうか。

「クビにするなんて言わないで! 悪いとこぜんぶ直すから! この会社じゃなきゃダメなの!」

"Don't say you want to fire me! I'll fix all my flaws! This is the only company for me."

 熱が冷めてしまった恋人に「悪いとこぜんぶ直すから」は、あまり効果がないことが知られていますが、本当に直るのなら感情を持たない法人の場合は案外有効かもしれません。

175

「心臓が弱い方はお入りにならないでください」

"If you have a weak heart, please refrain from entering."

　　　数々の面接試験を勝ち抜いて一流企業にお勤めの貴様ら……失礼。上級国民の皆さまであればご存じかと思いますが、面接試験は、面接中のみならず面接前の立ち居振る舞いから始まるもの。面接が和やかに終わっても、待機中に全裸になったり、そこかしこに痰や唾を吐いたりしていたら、合格などとてもおぼつかないです。試験前の緊張する気持ちは理解できますが、ここはぐっとこらえ、せめて音の出る放屁などは控えましょう。

温かくない贈る言葉

「クリエイティブな謝罪の仕方だったね」
"Your apology was very creative."

「ここ、走馬灯のクライマックスになると思うよ」
"This will be the climax of your life's flashback."

「君が悪いんじゃない。教育の敗北だから」
"It's not your fault. This is a failure of education."

「既視スルーしておくから安心して」
"Don't worry, I've seen it but I'll ignore it."

「そのミスは、記憶の中で美化しておきます」
"I'll glorify that mistake in my memory."

「今のサラ川に送っていい?」
"Can I submit this to 'Sara-Sen'?"

「失敗は減ってきたけど、個性も無くなったね」
"Your mistakes have decreased, but you've also lost your
individuality."

「神でも塩でもなく、謎の対応だったね」
"Your response was not awesome, nor bad, but mysterious."

「声に出して読みたい美しい失敗でした」
"It was a beautiful mistake that I want to read out loud."

「大丈夫。最初から数に入れてないから」
"It's okay. I counted you out from the start anyway."

「お名前はなんと読むのですか?」
「佐藤邪糞醜といいます。父と母の
名前から一字ずつもらいました」

"How do you pronounce your name?"
"My name is Sato Jafunsyu. I took one character
each from my mother and father's names."

近年、名前の話題といえば「キラキラネーム」一択といっても過言ではありません。採用試験や新年度のクラス替えで「名前の読めない学生が多く大変」という人事担当者や先生の苦労話はもはや風物詩。堅い会社の採用試験や、医学部などの難関受験で不利になるなんてうわさもありますが、実際どうなんでしょう。元祖キラキラネームでノーベル賞を受賞された江崎玲於奈氏もいますゆえ、平等なジャッジをお願いしたいものです。

✦✦ 正当な評価を避ける自己紹介 ✦✦

「佐藤一郎です。無職ですが、近所の子どもたちからは伝説とよばれています」

"I'm Sato Ichiro. I'm unemployed, but the neighborhood children call me a Legend."

✎ 問題は、職場の大人たちからなんとよばれているかです。

「自己紹介をしてください」
「え？ 履歴書、まだ読んでないんですか？」

"Could you introduce yourself?"
"What? Haven't you read my resume yet?"

✎ 「履歴書に書いてあることをなぜ聞くのか」はある意味極めて当然の疑問ですが、非効率性を重視する我が国の企業に対して、口にすることなどご法度。「あなたの口から聞きたい」という、いささか恋愛チックな理由だったりします。

「あなたの性格について教えてください」
「オンとオフとどちらの性格ですか？」

"Can you tell me about your personality?"
"Do you want to know my personality when I'm 'on' or when I'm 'off'?"

✎ どちらでもよいですが、オンとオフに差がない方の採用をおすすめします。

179

「スポーツは何が得意ですか?」
「盲牌です」

"What sports are you good at?"
"I'm good at reading mahjong tiles by touch."

「盲牌」とはマージャン用語で、絵柄を見ずに指の腹で牌を触り、どの牌か識別するというマジックのようなイカサマ。もとい、技です。一般的にマナーの悪い行為とされ、プロの団体などではご法度です。高度に極めれば努力の証明になるかもしれませんが、面接の自己PRとしてはいささか不適切かもしれません。ここはさわやかに、「コンビ打ち」などで友人との熱い友情を語ってみるのはいかがでしょうか。

✦✦ 正々堂々と評価を避ける自己PR ✦✦

「特技や強みはありますか？」
「寝返りです。全中に出たことがあります」

"Do you have any other specialties or strengths?"
"I'm good at tossing and turning. In fact, I competed in the national junior high school competition."

🖉　全中とは「全国中学校体育大会」のことで、中学生のスポーツの全国大会です。社会人になると、過去の武勇伝を語る大人たちが雨後のたけのこのように湧いてきますが、「全中出た」は都合よく使われがちです。インターハイだと何かのきっかけで捏造がバレないとも限りませんが、全中は記録を追跡しにくいため安全なんでしょう。

「専門分野や資格を持っていますか？」
「通常攻撃で、2回攻撃できます」

"Do you have any special skills or qualifications?"
"I can usually attack twice per turn."

🖉　通常、RPGゲームでは敵と味方が1ターンずつ交互に攻撃を行います。ところが、一部に1ターンの中で2回以上の攻撃をしてくるタイプのキャラがおり、例文が「それ」です。通常時でも2回攻撃できるタイプは珍しいので、採用をおすすめします。

「特技はなんですか？」
「ケーキを3等分することができます」

"What is your special skills?"
"I can divide a cake into three equal parts."

🖉　面接で聞かれる質問としてはいささかイレギュラーですが、このような質問を受けるということは、面接官もあなたに興味津々のはず。合格までもう一歩ですので、「親指の第一関節を逆方向に曲げられる」とか、「耳でギョーザが作れる」みたいなしょうもない特技を披露して面接官の心証を害さないようご注意ください。

「これまでの経験を教えてください」
「あなたは、今までに食べたパンの数を覚えているのですか？」

"Could you tell me about your past experiences?"
"Do you remember how many pieces of bread you've eaten in your life?"

　　　未経験が当たり前の学生と違い、社会人の面接試験で最も重要視されるのが経験人数……失礼。「経験」です。実務を行い結果を出すことが求められる以上、当然といえば当然です。職務に関わる経験が最も大切ですが「100mを10秒台で走れる」「相手の心に直接語りかけることができる」「倒すと経験値が2倍もらえる」といった特殊な能力も意外性があって魅力的です。

✦✦ 盛り損なった職務経歴 ✦✦

「これまでの経験で何を学びましたか?」
「未経験のまま30歳になったので、魔法が使えると思います」

"What have you learned from your past experiences?"
"Since I've turned 30 with no experience, I believe I can use magic."

 それは多分、都市伝説です。

「前の会社では、どんな仕事をしていましたか?」
「三国志に例えるなら、正史と演義、どちらを聞きたいですか?」

"What were you doing in your last job?"
"If we were to compare it to the Romance of the Three Kingdoms, which would you like to hear: the historical account or the novelized version?"

 例えないタイプのキャリアを聞きたいです。

「前職を辞めた理由を教えてください」
「地位が私を育てられなかったので、辞めました」

"Why are you leaving your current position?"
"I decided to leave because the position couldn't nurture me as a business person."

 「スタンフォード監獄実験」の研究結果に疑問を呈す結果となりました。

「我が社を志望した理由を教えてください」
「徳を積むためです」

"Why do you want to work for our company?"
"To build character."

　　　　必ず聞かれる質問ですが、答えに苦労する方も多いのでは？　「今
　　　　の職場がつらい」「給料がよい」「近所」など、本当の理由を言って
は元も子もないので、いかにして社会人らしい理由を思い付けるかという、皆
さまの創造力が試される質問です。「御社の商品に興味がある」では平凡
すぎますが、「御社の商品に人生を救済された」とかですと相手の探究心に
火がつきかねないので、微妙なさじ加減が求められます。

✦✦ 志望動機お助けフレーズ ✦✦

「残留が基本ですが、他社の評価も聞いてみたくて面接に応募しました」

"Basically, I intend to stay at my current company, but I wanted to hear how other companies evaluate me, so I applied for the interview."

 残念ながら戦力外です。よかったらトライアウトにお越しください。

「敗北が知りたくて志望しました」

"I wanted to join your company to understand what rejection feels like."

 ご希望にお応えして、不採用とさせていただきます。

「別の会社の窓際を体験してみたいと思い、志望しました」

"I applied because I wanted to experience a work desk by a window at a different company."

 窓の外の景色は変わっても、社内での扱いは変わりませんよ。

Part
8

転職・退職の言い訳

185

「あなたの今後のご活躍を心よりお祈り申し上げます」

"We look forward to your continued success."

俗にいうお祈りメールですが、採用枠に限りがある以上、不採用者はどうしても発生するもの。採用側も応募への感謝の気持ちもあり、不採用者の今後の活躍をお祈りするわけですが、一方で「あなたのことは不採用にしても、弊社のことは嫌いにならないでください」と、どこかで聞いたような虫のいいことも同時に考えているものです。口先だけでなく、神社に依頼して本格的に不採用者の今後を祈禱するくらいの配慮はほしいですね。

✦✦ お祈りメールの新テンプレート ✦✦

「佐藤さまのこれからのご活躍を心よりお祈り申し上げます。末筆になりますが、本用紙は再生紙を使用しております」

"We sincerely wish Mr. Sato all the best in their future endeavors. In closing, please note that this paper is made from recycled paper."

 世の中には様々な蛇足がありますが、これほど不要な蛇足も珍しいのでは。

「末筆になりますが、弊社10000人目の不採用者となるため、記念品を贈呈いたします」

"Lastly, as the 10,000th unsuccessful applicant for our company, we will present you with a commemorative gift."

 品はいらないので、記念に採用してもらえないでしょうか?

「セカンドオピニオンを希望します」

"I would like to ask for a second opinion."

Part 8 転職・退職の言い訳

面接試験では、応募者や面接官が正しい情報に基づいて十分に話し合い、納得して結果を受け入れてもらうことが大切です。しかし、面接官と十分な話し合いを行っていたとしても「別の面接官の話を聞いてみたい」と思うことがあるかもしれません。そのような場合はセカンドオピニオンの利用をおすすめします。

「面接には必ずノーパンで臨む」という「制約と誓約」により、私は自己PR能力を飛躍的に高めることができる。

I can significantly enhance my self-promotion skills due to a 'restriction and pledge' that I always attend interviews without wearing my underwear.

🖊 「制約と誓約」とは、少年ジャンプで連載中の冨樫義博先生の不休の名作……失礼。不朽の名作『HUNTER×HUNTER』に登場する概念です。哲学用語のような重厚さがありますが、有り体にいうと、自分自身を縛る制約を誓うことで、通常よりも力を発揮できるようになるという、中学2年生が大喜びの特殊効果です。なお、例文の面接時におけるノーパンは制約ではなく、特殊な性癖を疑われるだけなので実行はお控えください。

✦✦ 不採用を決定づけるフレーズ ✦✦

「質問が止まって見えた」。彼は3000回の面接を達成し、面接の神様とよばれています。

"The question seemed to stand still to me." After completing 3,000 interviews, he became known as the god of interviews.

 無い内定の神様では？

「本日はありがとうございました。あなたならきっと私を合格させることができると思います。自分を信じてがんばってください」

"Thank you for today. I believe that you are definitely capable of passing me. Believe in yourself and do your best in the selection process."

 応募者にとって、面接官は企業の顔としての側面ももつため、面接官が応募者を面接するだけでなく、面接官も応募者から面接されているという心構えで臨むことは大切ですが、これはやりすぎ。

「すみません、感想戦をお願いしたいのですが」

"Excuse me, would it be possible to have a post-mortem?"

 後学のためにもぜひ！

おわりに
今後の学習に向けて

　最後までお読みいただき、誠にありがとうございます。お気づきのように本書は、言い訳が半分と優しさ、ではなく胡散臭さが半分でできた「鎮痛作用」と「類」のない書籍です。例文の多くは常軌を逸しており、一見すると実用的ではありません。ただ、「事実は小説よりも奇なり」の精神を曲解して、現実でも工夫してご使用いただくことをおすすめします。

　ここでは、その曲解方法について簡単にご説明します。

　多くの学習書でもうたわれていることですが、語学は「読む」「聞く」「話す」「書く」のスキルをバランスよく鍛えることが大切です。そして、このバランスは「言い訳」においても同様です。本書を読了しただけでは、読む力のみが仕上がっており、筋トレに例えるなら**「腕だけが極端に太く、他はもやし」**みたいな状況です。ぜひ他の力も育み、変なクリーチャー状態から脱することを志してみてください。

✓ 聞く力　　どんな言い訳も聞き逃さない

　本書の例文を、ナレーション制作アプリに入れて、音声を作成し、出勤中や昼休憩などスキマ時間に聴いてみましょう。英語や言い訳に耳が慣れてくることで、**今まで聞き流していた周囲の日常会話も、後ろ向きで言い訳がましく聴こえてくる**でしょう。

✓ 話す力　臨機応変に言い訳を使い分ける

　実際に言い訳を話すには柔軟性や瞬発力が必要となり、いつ何時、誰からの言い訳でも受け止めるには、日頃の鍛錬がモノをいうスキルといえます。まずは実際の会話を想定しつつ、独り言で本書の例文を声に出してみてください。音読と混同されがちですが、違います。**きちんと自分の言葉として嫌いな上司や距離を置きたい同僚を妄想しつつ、彼ら彼女らに向かって話すことが大切**です。周囲に人がいないこと、録音機器や窓がないことを確認してから行ってください。

✓ 書く力　フォーマルな場でも言い訳を発揮する

　最後は書く力。日々の日記から始末書まで、電気やガスが止まってから支払いをするタイプのみなさんであれば、言い訳を書く機会はたくさんあるはず。**ぜひ自分の言葉で、自分なりの「言い訳」を「英語」で書き記してみてください。**英語や言い訳の文法チェックには書籍以外にもChatGPTや各種Webサービスの利用もおすすめです。

✓ 最後に　この本の最も役立つ使い方!?

　ここまでくればもう本書の役割は99%完了です。残りの1%としては、「鍋敷き」や「カップ麺の蓋を閉じておくときの重し」など、**日常のお助けグッズとしても使えます**ので、本の髄までしゃぶり尽くしていただけますと、著者としてこれ以上の幸せはありません。

[著者]

中山（なかやま）

群馬県太田市出身。東京都在住。「くだらない」をテーマに、動画や英語で変なコンテンツを作成している。著書に『出ない順　試験に出ない英単語』『出ない順　試験に出ない英単語　やりなおし中学英語篇』『出ない順　中山の日本史C』（以上、飛鳥新社）などがあり、同シリーズは累計10万部を突破。X（旧Twitter）「出ない順 試験に出ない英単語」（@NISE_TOEIC）のフォロワーは30万人超。

ろくでもない英語の言い訳300

2023年10月31日　第1刷発行

著　　者──中山
発行所──ダイヤモンド社
　　　　　〒150-8409　東京都渋谷区神宮前6-12-17
　　　　　https://www.diamond.co.jp/
　　　　　電話／03·5778·7233（編集）　03·5778·7240（販売）
ブックデザイン──西垂水敦・市川さつき(krran)
イラスト──村上テツヤ
DTP───────エヴリ・シンク
校正───────鷗来堂、三森由紀子
英文校正──AtoZ English
製作進行──ダイヤモンド・グラフィック社
印刷───────堀内印刷所(本文)・加藤文明社(カバー)
製本───────ブックアート
編集担当──朝倉陸矢